Weihnachten vegetarisch

Christina Heß

Weihnachten
VEGETARISCH

Jan Thorbecke Verlag

VERLAGSGRUPPE PATMOS

PATMOS
ESCHBACH
GRÜNEWALD
THORBECKE
SCHWABEN

Die Verlagsgruppe
mit Sinn für das Leben

Für Helene, Bernd und Dieter – ihr fehlt mir jedes Weihnachten mehr.

Für die Verlagsgruppe Patmos ist Nachhaltigkeit ein wichtiger
Maßstab ihres Handelns. Wir achten daher auf den Einsatz
umweltschonender Ressourcen und Materialien.

© 2017 Jan Thorbecke Verlag, ein Unternehmen der Verlagsgruppe Patmos in der Schwabenverlag AG, Ostfildern
www.thorbecke.de

Gestaltung: Finken & Bumiller, Stuttgart
Druck: Drogowiec, Kielce
Hergestellt in Polen
ISBN 978-3-7995-1216-9

Inhalt

Vorwort

Meine lieben Leser,
Herzlich willkommen in meinem zweiten Buch! Unglaublich, dass ich diese Worte
schreiben darf ... Aber fangen wir doch erstmal ganz vorne an.

Weihnachten war in meiner Familie seit meiner Kindheit immer ein besonderes Fest. Meine Mutter verwandelte die Wohnung im November schon in ein Weihnachtswunderland (ich frage mich immer noch, wie so viel Deko in eine 3-Zimmer-Wohnung passt), wir buken Plätzchen bis zum Umfallen und an Geschenken wurde auch nicht gespart. Als der Heiligabend dann gekommen war, wurde ein Festessen vorbereitet, das Wohnzimmer zugesperrt und nachmittags ging's ab in die Kirche (bis auf meinen Vater, der hat sich hinter seiner Alibi-Gans immer sehr gut versteckt). Danach wurde das Festessen serviert und mein Vater konnte plötzlich über Stuuuunden essen. Wirklich. Stunden. Nach dem Abräumen gab es dann endlich die Bescherung, und ich war selig. Wie gerne würde ich Weihnachten noch einmal als Kind erleben ...

Mittlerweile sind alle Beteiligen erwachsen und unser Weihnachten hat sich gewandelt. Das fiel mir in den ersten Jahren ziemlich schwer, aber mittlerweile haben wir ein System gefunden, welches funktioniert und jeden glücklich macht. Denn nun koche ich das Heiligabend-Festessen, und meine Eltern und ich lassen es ganz gemütlich angehen. Wer in die Kirche will, der geht. Wer gerne einen Cocktail vor dem Essen trinken will, der bekommt einen. Keine Zwänge mehr, kein unruhiges Sitzen auf dem Stuhl, und vor allem eines nicht mehr: Fleisch.

Was für manche einen riesigen Einschnitt darstellt, ist für mich seit 13 Jahren Alltag. Ich wurde mitten in der Pubertät Vegetarierin und bin es bis heute geblieben. Weihnachten stellt natürlich eine Ausnahmesituation dar – der Gänsebraten oder die Würstchen sind vielen heilig, und Fleischesser davon zu überzeugen, dass ein Fest auch fleischlos ein Fest bleibt, ist nicht einfach. Das weiß ich auch. Aber ich habe hier in diesem Buch massenweise leckere Rezepte rund ums Weihnachtsfest zusammengetragen, die ihr wild kombinieren könnt, um eure Festtafel mit leckerem Essen zu überfüllen. Viele Beilagen und Kleinigkeiten retten eure Gäste vor dem sicheren Hungertod, wenn's keine Weihnachtsgans gibt (die können sie an den anderen Festtagen ja immer noch essen).

Auch in dieses Buch habe ich wieder literweise Herzblut investiert und im Hochsommer damit begonnen, weihnachtliche Menüs zu kochen. Ich hoffe, es macht euch genauso viel Spaß, dieses Buch durchzusehen, wie ich hatte, als ich die Gerichte kochte und fotografierte – denn auch hier sind wieder alle Bilder von mir selbst gemacht.

Nun lasst euch nun nicht weiter von mir aufhalten, sondern blättert einfach mal ein bisschen. Viel Spaß, guten Hunger, schöne Festtage und besucht mich doch mal auf meinem Blog www.christinamachtwas.de!

Eure Christina

VOR-
WEIH-
NACHTS-
ZEIT

Hachja ... die Zeit vor Weihnachten. Die schönste Zeit des Jahres! Wenn das Schnee-gestöber wütet, man die Zeit hat, besinnlich am Kamin zu sitzen oder gemütlich mit geliebten Menschen durch verlassene Städtchen und funkelnde Weihnachtsmärkte zu bummeln ...

Nicht.

Was früher vielleicht wirklich mal eine Zeit der Besinnung und der Einkehr war, ist heute eigentlich Stress pur. Man hetzt von einem Termin zum anderen; alles muss noch vor Weihnachten erledigt und gekauft sein, denn ja, Weihnachten kommt jedes Jahr wieder überraschend. Durch Klimawandel und unseren heutigen Lebensstil haben wir nur noch selten herrlich weiß-verschneite Weihnachten – zumindest in Kassel, wo ich beheimatet bin. Daher ist es für mich umso wichtiger, meine Weih-nachtstraditionen in den vier Wochen vor Weihnachten zu pflegen, um in Weih-nachtsstimmung zu kommen und mir auch die ein oder zwei Tage Zeit zu nehmen, mit meiner Mutter zusammen mehrere Plätzchensorten zu backen (meistens im zweistelligen Bereich), mich mit einem leckeren Kuchen und eben diesen Plätzchen zum Adventskaffee und -tee mit lieben FreundInnen und Verwandten zu treffen und alles etwas ruhiger angehen zu lassen. Ich kaufe Geschenke schon ab September (wenn mir was Schönes über den Weg läuft) und traue mich in den letzten zwei Wochen vor Weihnachten gar nicht mehr in die Innenstadt. Denn diese Hektik macht mir meine sorgfältig gepflegte Vorfreude wieder kaputt.

Meine Rezepte in diesen Kapitel sind dazu gedacht, euch ein kleines Stück Vorfreude auf Weihnachten wiederzugeben, und wenn ihr euch die Zeit nehmt und sie oder das Ergebnis mit einem lieben Menschen teilt, wird euch das viel mehr schöne Erinne-rungen schaffen als zum wiederholten Male durch überfüllte Geschäfte zu hetzen. Die Plätzchenrezepte sind altbewährte und geliebte Klassiker in meiner Familie (wie z.B. die Mandelstangen oder die Spitzbuben) und auch komplett neue Kreationen (wie z.B. die Erdnussträumchen). Ich liefere euch hier sogar ein sehr altes österrei-chisches Familienrezept meiner lieben Freundin Johanna für Burgenländer Kipferl – also haltet sie in Ehren und lasst sie euch schmecken!

Süße-Sahne-Plätzchen

FÜR CA. 60 PLÄTZCHEN

ZUTATEN

Teig
375 g weiche Butter/Margarine
1 Prise Salz
200 ml Sahne
500 g Weizenmehl Type 405

Außerdem
3–4 Eigelb
1 Pk. Hagelzucker

ZUBEREITUNG

Aus den Zutaten einen glatten Teig herstellen und für mindestens 2 Stunden in den Kühlschrank legen. Danach ca. 0,5 cm dick ausrollen und in beliebigen Formen ausstechen, z.B. wie ich ein §-Zeichen. Nun die einzelnen Teigrohlinge mit Eigelb bepinseln und mit der feuchten Seite in Hagelzucker drücken. Danach mit dem Hagelzucker nach oben auf ein mit Backpapier ausgelegtes Backblech legen und die Plätzchen bei 200 °C ca. 12 Minuten backen. Gut auskühlen lassen und in einer luftdichten Box aufbewahren.

Spitzbuben

FÜR CA. 70 PLÄTZCHEN

ZUTATEN

Teig
375 g Weizenmehl Type 405
2 Eier
1 TL Backpulver
200 g Zucker
etwas Vanillepulver
250 g weiche Butter/Margarine
125 g gemahlene Mandeln

Außerdem
Trauben-Holunder-Gelee zum Füllen
Puderzucker zum Bestäuben

ZUBEREITUNG

Aus den Zutaten für den Teig einen Knetteig herstellen und für 2 Stunden in den Kühlschrank legen. Dann ca. 0,5 cm dick ausrollen und runde Plätzchen (ca. 3 cm Durchmesser) ausstechen. Diese bei 180 °C ca. 10 Minuten backen. Wenn sie ausgekühlt sind, eine Seite mit Trauben-Holunder-Gelee bestreichen und mit einem zweiten Plätzchen zusammensetzen. Mit reichlich Puderzucker bestäuben und luftdicht verpackt aufbewahren.

Gefüllte Mandelstangen

FÜR CA. 60 STANGEN

ZUTATEN

Teig
2 Eier
450–500 g Weizenmehl Type 405
1 Pk. Backpulver
200 g Zucker
etwas Vanillepulver
1 Pr. Salz
400 g weiche Butter/Margarine

Außerdem
1 2 Pk. Mandelblättchen
1 Glas Aprikosenmarmelade
400 g Zartbitterkuvertüre

ZUBEREITUNG

Die Eier trennen. Alle Zutaten für den Teig bis auf das Eiweiß verkneten und für 2 Stunden in den Kühlschrank legen. Den Teig dann mit einem Fleischwolf in eine längliche Form (ca. 5 cm lang) bringen, die einzelnen Plätzchen mit Eiweiß bestreichen und danach mit Mandelblättchen belegen. Bei 180 °C ca. 10 Minuten backen. Sobald die Plätzchen komplett ausgekühlt sind, mit etwas Marmelade füllen und zur Hälfte in geschmolzene Zartbitterschokolade tauchen.

Burgenländer Kipferl

FÜR CA. 60 PLÄTZCHEN

ZUTATEN

60 ml Milch
2 TL Zucker
1 TL Vanillepulver
30 g Hefe
400 g Weizenmehl Type 405
1 Prise Salz
250 g weiche Butter/Margarine
3 Eigelb
3 Eiweiß
250 g Zucker
300 g gemahlene Walnüsse

ZUBEREITUNG

Zuerst die Milch mit dem Zucker und der Vanille vermengen und etwas erwärmen. Dann die Hefe hineinbröseln und verrühren. Mehl, Salz und Butter vermengen und die Butter dabei in kleine Flöckchen zerdrücken. Die Eigelbe und die Hefe-Mischung untermengen. Zu einem glatten Teig verkneten. Das Eiweiß mit 250 g Zucker sehr steif schlagen. Den Teig in 6 Teile teilen und ca. 0,5 cm dick ausrollen. Den Eischnee großzügig auf die Teigplatten streichen, am Rand ca. 2 cm freilassen. Den Eischnee nun mit den Nüssen bestreuen und wie einen Strudel aufrollen. Nun mit einem Kipferlausstecher von einem Ende her Halbmonde abstechen und auf ein mit Backpapier belegtes Backblech setzen. Bei 200 °C ca. 15 Minuten backen. Wenn gewünscht, mit geschmolzener Zartbitterkuvertüre verzieren.

Erdnuss-träumchen

FÜR CA. 45 PLÄTZCHEN

ZUTATEN

Teig
180 g Weizenmehl Type 405
1 TL Backpulver
1 Prise Salz
100 g weiche Butter/Margarine
150 g brauner Zucker
70 g weißer Zucker
1 Ei
etwas Vanillepulver
70–100 g cremige Erdnussbutter

Füllung
4 TL weiche Butter/Margarine
115 g cremige Erdnussbutter
100 g Puderzucker
2 TL Milch
etwas Vanillepulver

ZUBEREITUNG

Alle Zutaten für den Teig in eine Schüssel geben und zu einem glatten Teig verkneten. Danach haselnussgroße Kügelchen formen und auf ein mit Backpapier ausgelegtes Backblech legen. Dann mit einer Gabel vorsichtig platt drücken. Bei 180 °C ca. 8–10 Minuten backen. Komplett auskühlen lassen.
In der Zwischenzeit die Füllung vorbereiten: Dafür alle Zutaten vermengen, bis eine cremige Masse entsteht. Jeweils eine Kekshälfte damit bestreichen und zusammensetzen.

Kakaonib-Cookies

FÜR CA. 50 PLÄTZCHEN

ZUTATEN

230 g Weizenmehl Type 405
150 g Backkakao
2 EL Instant-Espressopulver
1 Msp. Zimt
180 g weiche Butter/Margarine
220 g Zucker + etwas Zucker, um
    die Plätzchen darin zu wälzen
1 Ei
1 TL Vanillepulver
80 g Kakaonibs

ZUBEREITUNG

Alle Zutaten vermengen und den Teig auf einer bemehlten Arbeitsfläche zu einer ca. 5 cm-dicken Rolle ausrollen und in Klarsichtfolie gehüllt für 1 Stunde in den Kühlschrank legen. Den Backofen auf 180 °C vorheizen und die Teigrolle in Zucker rollen, bis sie komplett ummantelt ist. Jetzt ca. 1 cm dicke Scheiben abschneiden und auf ein mit Backpapier ausgelegtes Backblech legen. Die Cookies ca. 10 Minuten backen und auf einem Gitter auskühlen lassen.

Zitronensterne

FÜR CA. 60 PLÄTZCHEN

ZUTATEN
Teig
250 g Weizenmehl Type 405
1 TL Backpulver
1 Ei
125 g weiche Butter/Margarine
125 g Zucker
2 EL Zitronensaft
2 TL Zitronenzesten

Außerdem
Lemon Curd oder Zitronengelee
  als Füllung
1 Eiweiß + Puderzucker

ZUBEREITUNG
Aus den Zutaten einen Knetteig
herstellen und für 1 Stunde in den
Kühlschrank legen. Danach
ca. 0,5 cm dick ausrollen und
Sterne ausstechen. Die rohen
Teiglinge bei 180 °C ca. 10 Minuten
backen und danach komplett auskühlen lassen. Jeweils 1 Hälfte mit
Lemon Curd bestreichen und zwei
Plätzchen zusammensetzen.
Ein Eiweiß steif schlagen und so
viel Puderzucker hinzufügen, bis
eine relativ feste und nicht mehr
zu flüssige Masse entsteht. Diese
Masse nun in einen Spritzbeutel
mit dünner Tülle füllen und auf
die einzelnen Sterne ein Schnee-
flocken-Muster spritzen. Trocknen lassen und luftdicht verpackt
aufbewahren.

Walnuss-Kandis-Plätzchen

FÜR CA. 30 PLÄTZCHEN

ZUTATEN
Teig
200 g weiche Butter/Margarine
100 g Zucker
1 Ei
2 EL Rum
¼ TL Zimt
300 g Weizenmehl Type 405
200 g fein gehackte Walnüsse
100 g Krümel-Kandis

Außerdem
200 g Zartbitterkuvertüre

ZUBEREITUNG
Aus den Zutaten einen Teig kneten,
zu einer Rolle formen und über
Nacht in den Kühlschrank legen.
Am nächsten Tag den Ofen auf
180 °C vorheizen, die Rolle in
ca. ½ cm dicke Scheiben schneiden
und etwas andrücken. Die Cookies
ca. 12–15 Minuten backen. Wenn
die Kekse dann ausgekühlt sind,
die Zartbitterkuvertüre im Wasserbad schmelzen und die Kekse darin
eintauchen und zur Hälfte mit
Schokolade überziehen.

Vanillekipferl ohne „Gefummel"

FÜR CA. 70 PLÄTZCHEN

ZUTATEN
Teig
500 g Weizenmehl Type 405
5 Eigelb
250 g weiche Butter/Margarine
150 g Zucker
2 TL Vanillepulver
1 Prise Salz

Außerdem
Puderzucker und Vanillepulver,
  um die Plätzchen darin zu wälzen

ZUBEREITUNG
Alle Zutaten für den Teig verkneten, bis ein glatter Teig entsteht.
Diesen nun in 5 Rollen teilen und in
Alufolie gewickelt für ca. 2 Stunden
in den Kühlschrank legen. Danach
die Rollen vorsichtig weiterrollen,
bis sie nur noch einen Durchmesser von ca. 2 cm haben. Mit einem
scharfen Messer die Rollen in kleine
Stücke schneiden (ca. jeweils 1–2 cm
lang). Auf einem Blech verteilen und
bei 180 °C ca. 18–20 Minuten backen.
Sobald sie etwas abgekühlt und
nur noch lauwarm sind, müssen sie
in Puderzucker mit etwas Vanille
gewendet werden. Dafür alles in
einen tiefen Teller geben und gut
und vorsichtig durchmischen. Die
Vanillekipferl komplett erhalten
lassen und luftdicht verpackt aufbewahren.

Bunte
ZUCKER–
PLÄTZCHEN

FÜR CA. 50 PLÄTZCHEN

ZUTATEN

Teig
255 g weiche Butter
230 g Puderzucker
1 TL Vanillepulver
1 Prise Salz
4 Eigelb
460 g Weizenmehl Type 405

Außerdem
Lebensmittelgelfarben (es muss
  unbedingt Gelfarbe sein!)
1 Eiweiß
bunte Streusel

ZUBEREITUNG

❶ Zuerst die weiche Butter mit dem Puderzucker, der Vanille und dem Salz verrühren, bis eine glatte Masse entstanden ist. Die Eigelbe hinzufügen und vermengen. Das Mehl durchsieben und ebenfalls unter die Buttermasse heben. Alles gut durchkneten.

❷ Nun ein Drittel des Teiges in Frischhaltefolie packen und in den Kühlschrank legen. Die restlichen zwei Drittel des Teiges in 4–6 Teile teilen und mit etwas Lebensmittelgelfarbe einfärben. Jedes Teil in Frischhaltefolie wickeln und für 1 Stunde in den Kühlschrank legen.

❸ Vermesst nun eure Ausstechform: Wenn sie beispielsweise 2 cm hoch ist, müsst ihr jede der 6 Schichten 5 mm dick ausrollen. Rollt nun den farbigen Teig jeweils rechteckig auf eure mm-Zahl aus und bestreicht die einzelnen Schichten mit etwas Eiweiß, bevor ihr sie übereinander legt. Sind alle Schichten gestapelt, schneidet die Kanten gerade ab und legt den Teig eingepackt für 30 Minuten in den Kühlschrank. Schneidet euren Teig nun in Streifen, die ein wenig schmaler sind als euer Ausstecher breit. Legt die Streifen mit der gestreiften Seite nach oben auf ein Stück Frischhaltefolie, packt sie damit ein und legt sie für ca. 20 Minuten in den Gefrierschrank. Nun könnt ihr die Form ausstechen und euer Teig bleibt hübsch in Form. Klebt die Form nun mit dem Eiweiß an den Schnittflächen aneinander, sodass ihr eine lange Reihe mit buntem Teig habt.

❹ Nehmt nun den naturbelassenen Teig aus dem Kühlschrank und füllt zuerst die Hohlräume eurer Form aus. Danach versucht ihr, den Teig so um den bunten Teig zu legen, dass eine runde Wurst dabei herauskommt. Rollt sie ein wenig auf der Arbeitsfläche, damit die Außenseiten glatt werden. Bestreicht sie nun außen mit Eiweiß und wälzt sie in bunten Streuseln. Rollt die Rolle nun wieder in Frischhaltefolie und legt sie für ½ Stunde in den Gefrierschrank. Nehmt die gefrorene Rolle heraus und schneidet sie in ca. 0,7 cm dicke Scheiben. Legt sie auf ein mit Backpapier ausgelegtes Backblech und back sie bei 175 ° ca. 11 Minuten.

Gefüllte
MAKRONEN

FÜR JEWEILS CA. 30 MAKRONEN

Kokosmakronen mit Orangenfüllung

ZUTATEN

3 Eiweiß
1 TL Zitronensaft
100 g Zucker
200 g Kokosflocken
ca. 20–30 runde Backoblaten
½ Glas feste Orangenmarmelade
100 g Zartbitterkuvertüre

ZUBEREITUNG

❶ Den Ofen auf 150 °C vorheizen. Das Eiweiß zusammen mit dem Zitronensaft sehr steif schlagen; währenddessen den Zucker esslöffelweise hineinrieseln lassen. Aufschlagen, bis die Masse glänzt und die Spitzen gut hält. Danach die Kokosflocken unter die Eiweißmasse heben.

❷ Die Backoblaten auf einem mit Backpapier ausgelegten Backblech auslegen und die Marmelade in einen Spritzbeutel füllen. Jeweils ca. 1 TL Marmelade auf jede Oblate setzen. Die Makronenmasse in einen Spritzbeutel mit großer Tülle füllen und um die Marmelade herum und obendrauf spritzen. Darauf achten, dass die Marmelade komplett von der Eiweißmasse umgeben ist. Nun das Blech in den Ofen schieben und 20–25 Minuten backen, bis die Makronen außen beim Anfassen nicht mehr kleben. Auskühlen lassen und dann die Zartbitterkuvertüre über einem Wasserbad schmelzen, die Makronen zur Hälfte dort hineindippen und auf einem Backpapier fest werden lassen. Die Makronen in einem luftdichten Gefäß aufbewahren.

Haselnussmakronen mit Nugatfüllung

ZUTATEN

3 Eiweiß
1 TL Zitronensaft
100 g Zucker
250 g gemahlene Haselnüsse
½ TL Zimt
ca. 20–30 runde Backoblaten
ca. 50 g Nugat
ca. 50 g ganze Haselnüsse

ZUBEREITUNG

❶ Den Ofen auf 150 °C vorheizen. Das Eiweiß zusammen mit dem Zitronensaft sehr steif schlagen; währenddessen den Zucker esslöffelweise hineinrieseln lassen. Aufschlagen, bis die Masse glänzt und die Spitzen gut hält. Danach die gemahlenen Haselnüsse und den Zimt unter die Eiweißmasse heben. Die Backoblaten auf einem mit Backpapier ausgelegten Backblech auslegen und jeweils ein Stück Nugat darauflegen.

❷ Die Makronenmasse in einen Spritzbeutel mit großer Lochtülle füllen und auf die Oblaten aufspritzen. Darauf achten, dass das Nugat komplett von der Eiweißmasse umgeben ist. Auf jede Makrone noch eine Haselnuss aufsetzen. Nun das Blech in den Ofen schieben und 20–25 Minuten backen, bis die Makronen außen beim Anfassen nicht mehr kleben. Auskühlen lassen und in einem luftdichten Gefäß aufbewahren.

PEANUT-BUTTER-

Swirl- Fudge

FÜR EINE 8 × 12 CM FORM

ZUTATEN

300 g Zartbitterkonfitüre
200 ml gesüßte Kondensmilch
25 g Butter
100 g cremige Erdnussbutter
Erdnüsse zum Bestreuen (optional)

ZUBEREITUNG

❶ Die Zartbitterschokolade klein hacken und zusammen mit der Kondensmilch, der Butter und der Hälfte der Erdnussbutter in eine hitzebeständige Schüssel auf ein Wasserbad geben. Bei mittlerer Hitze so lange erwärmen, bis sich alles zu einer geschmeidigen Masse verbunden hat.

❷ In der Zwischenzeit die andere Hälfte der Erdnussbutter in einem separaten kleinen Topf erwärmen, sodass sie flüssig wird. Nun eine viereckige Form mit Backpapier ausschlagen und die Schokoladen-fudgemasse hineinfüllen. Die Erdnussbutter langsam in Linien auf die Fudgemasse gießen (oder mit einem Löffel verteilen) und mit einem Stäbchen hübsche Muster hineinmalen. Nicht komplett umrühren! Wer will, kann nun noch die Erdnüsse darüberstreuen.

❸ Die Masse nun mindestens 4 Stunden im Kühlschrank fest werden lassen. Danach in kleine Stücke schneiden und entweder sofort genießen oder verschenken.

EGGNOG-
Fudge

FÜR EINE 8 × 12 CM FORM

ZUTATEN

300 g weiße Kuvertüre
200 g Marshmallow-Creme (Fluff)
2 TL Vanillepulver
25 g Butter
¼ TL Muskatnuss + etwas zum
  Bestäuben
½ TL Zimt + etwas zum Bestäuben

ZUBEREITUNG

❶ Die weiße Kuvertüre klein hacken und zusammen mit den anderen Zutaten in eine hitzebeständige Schüssel auf ein Wasserbad geben. Bei mittlerer Hitze so lange erwärmen, bis sich alles zu einer geschmeidigen Masse verbunden hat.

❷ Nun eine viereckige Form mit Backpapier ausschlagen und die Fudgemasse hineinfüllen und glattstreichen. Mit Muskatnuss und einer Prise Zimt bestäuben und mindestens 4 Stunden im Kühlschrank fest werden lassen. Danach in kleine Stücke schneiden und entweder sofort genießen oder verschenken.

SALZ-
KARAMELL-
Fudge

FÜR EINE 8 × 12 CM FORM

ZUTATEN

2 TL Honig
200 g brauner Zucker
220 g weißer Zucker
½ TL Meersalz + etwas zum
  Bestreuen
1 TL Vanillepulver
200 ml Sahne
100 g Butter

ZUBEREITUNG

❶ Alle Zutaten bis auf die Butter in einen Topf geben und aufkochen lassen. Sobald die Mixtur 120 °C erreicht hat, vom Herd nehmen und die Butter hinzufügen und schmelzen lassen. Abwarten, bis die Mixtur etwas abgekühlt ist, und dann in eine mit Backpapier ausgelegte Form schütten und mit ein wenig Meersalz bestreuen.

❷ Mindestens 4 Stunden im Kühlschrank durchkühlen lassen. Danach in mundgerechte Stücke schneiden, in Streifen aus Butterbrotpapier wickeln und genießen. Diese Art von Fudge kann bei Zimmertemperatur recht klebrig sein, daher ist die Aufteilung in einzelne Portionen die beste Wahl.

MARSH-MALLOWS

ohne Gelatine

Ich liebe Marshmallows, auch wenn ich die handelsüblichen als Vegetarierin nicht essen kann. Und zugegeben – Marshmallows ohne Gelatine herzustellen ist eine ziemlich friemelige Angelegenheit und kommt eher einer Chemiestunde als einem Kocherlebnis nahe. Ich habe Monate (und viiiele Versuche) gebraucht, um dieses Rezept zu entwickeln, und es schmeckt original wie Marshmallows – es hat nur eine ein klein wenig abweichende Konsistenz.

FÜR EINE 20×30 CM FORM

ZUTATEN

2 Eiweiß
50 g Puderzucker
150 g Zucker
2 EL heller Grafschafter Sirup
1 TL Vanillepulver
2 TL Agar-Agar
ca. 1 TL Xanthan Gum (Internet)

Zum Bestreuen
100 g Puderzucker
300 g Speisestärke

ZUBEREITUNG

❶ Den Puderzucker und die Speisestärke vermischen, durchsieben und für später beiseite stellen.

❷ Zuerst die Eiweiße mit 50 g Puderzucker in eine Schüssel über ein Wasserbad geben und auf 70 °C erhitzen. In eine Rührschüssel umfüllen und mit hohem Tempo steif aufschlagen, bis die Spitzen stehen bleiben.

❸ In der Zwischenzeit den Zucker mit dem hellen Zuckersirup und der Vanille in einen Topf geben und auf 120 °C erhitzen; immer mal wieder durchrühren. Nun zuerst den (heißen!) Zuckersirup vorsichtig und langsam zu der Eiweißmasse geben und auf hoher Stufe immer weiterrühren. In einem anderen Topf das Agar-Agar mit 100 ml Wasser vermengen und aufkochen. Nun das Agar-Agar zur Masse hinzugeben und ca. 1 gestrichenen TL Xanthan Gum auf die Masse streuen und weiterschlagen. Die Masse sollte jetzt langsam anfangen, sich von den Seiten abzulösen. Wenn nicht, noch ein wenig mehr Xanthan darüberstreuen, bis sie das tut.

❹ Nun eine Form in passender Größe mit der Puderzuckermischung bestreuen, die Masse hineingeben und glattstreichen. Nun oben dick mit der Puderzuckermischung bestäuben und die Masse 24 Stunden bei Raumtemperatur trocknen lassen. Dann die Marshmallowmasse in mundgerechte Stücke schneiden oder ausstechen. Jedes Marshmallow in der Puderzuckermischung wälzen und nochmals ein bisschen trocknen lassen. Sollten sie nochmal feucht werden, wieder großzügig in der Puderzuckermischung wälzen und trocknen lassen.

BAISER–
Weihnachtsbäume (und mehr)

Baiser und ich – wir stehen eigentlich auf Kriegsfuß miteinander. Aber das nur, weil ich nie die richtigen Mengenverhältnisse wusste und mir die Zubereitung super-kompliziert vorstellte. Nach einiger Recherche steht nun fest: Es ist ganz einfach. Und ganz nebenbei kann man Eiweißreste, die man noch vom Plätzchenbacken übrig hat, schnell und ansehnlich verarbeiten.

FÜR CA. 50 BÄUMCHEN

ZUTATEN

1 Zitronenscheibe
100 g Eiweiß
200 g Zucker

Optional
Lebensmittelgelfarben
Aromapasten aus dem
 Patisserieversand
Streudekor

ZUBEREITUNG

❶ Zuerst die Schüssel und den Rührbesen der Rührmaschine mit einer Zitronenscheibe abreiben, damit keinerlei Fett mehr daran klebt. Die Eiweiße sollten Raumtemperatur haben, so erreichen sie ihr größtes Volumen. Den Ofen auf 200 °C vorheizen, den Zucker auf einem mit Backpapier belegten Backblech ausbreiten und in den Ofen schieben. Der Zucker soll jetzt heiß werden, und sobald ihr seht, dass die Ecken anfangen zu schmelzen, den Zucker sofort aus dem Ofen holen – das dauert ca. 5 Minuten.

❷ In der Zwischenzeit die Eiweiße steif aufschlagen, sodass die Spitzen stehen bleiben. Nicht zu lange schlagen! Nun den heißen Zucker vorsichtig esslöffelweise zum Eischnee geben, dabei auf hoher Geschwindigkeit weiterschlagen. Ist der ganze Zucker drin, solange weiterschlagen, bis keine Zuckerkörner mehr in der Masse sind, wenn man sie zwischen Daumen und Zeigefinger zerreibt. Immer mal wieder testen.

❸ Jetzt auch schon für die Weihnachtsbäume etwas grüne Gel-Lebensmittelfarbe mit einem Pinsel in den Spritzbeutel pinseln. Sobald die Masse schön samtig ist und glänzt, wird sie in einen Spritzbeutel mit Lochtülle gefüllt und zuerst mit einem großen Klecks aufgetragen, der nach oben schmaler wird. Sozusagen ab der Mitte nochmal nach unten drücken und dann nochmals eine kleine Portion rausdrücken und nach oben wegziehen. Den Ofen auf 100 °C herunterdrehen und die Baisers ca. 45 Minuten eher trocknen als backen. Sie sind fertig, wenn man sie ohne Rückstände vom Blech lösen kann. Luftdicht aufbewahren.

TIPP *Es ist egal, wieviel Eiweiß ihr übrig habt: Ihr müsst einfach das Eiweiß wiegen und dann doppelt so viel Zucker nehmen.*

Gebrannte MANDELN
mal anders

Gebrannte Mandeln sind für mich ein Muss auf jedem Weihnachtsmarkt. In den letzten Jahren gab es immer mehr Varianten, und zwei haben sich als meine Favoriten herauskristallisiert. Aber seht selbst!

FÜR CA. 500 G

GRUNDREZEPT

200 g Zucker
1 TL Vanillepulver
½ TL Zimt
300 g ganze ungeschälte Mandeln

ZUBEREITUNG

100 g Zucker und die Vanille mischen und beiseite stellen. Den restlichen Zucker, den Zimt sowie 80 ml Wasser in eine große Pfanne geben und umrühren. Die Masse nun ohne Umrühren auf hoher Stufe zum Kochen bringen. Die Mandeln dazugeben und ständig rühren, bis die Flüssigkeit verdampft ist. Dann die Temperatur reduzieren und den vorher beiseite gestellten Zucker hinzugeben. Die Masse wird erst trocken und klumpig – aber immer weiter erhitzen, bis die Mandeln wieder leicht zu glänzen beginnen und der Zucker karamellisiert. Jetzt die komplette Masse auf ein mit Backpapier ausgelegtes Backblech geben, verteilen und komplett auskühlen lassen.

Erdbeer-Joghurt-Mandeln

ZUTATEN

1 × das Grundrezept
3 Stücke Schokoriegel
 (z.B. Yogurette)
150 g weiße Kuvertüre
50 g Vollmilchpulver
 (Patisserieversand)
100 g Erdbeerpulver
 (Patisserieversand)

ZUBEREITUNG

Gebrannte Mandeln nach obigem Rezept zubereiten und abkühlen lassen. Die Schokoriegel mit der weißen Kuvertüre zusammen schmelzen, die Mandeln damit übergießen und kräftig durchmischen. Das Vollmilchpulver und das Erdbeerpulver vermengen, die Mandeln damit bestreuen und ebenfalls durchmischen. Alles wieder auf ein mit Backpapier ausgelegtes Backblech legen und komplett erkalten lassen.

Kokos-Mandeln

ZUTATEN

1 × das Grundrezept
200 g weiße Kuvertüre
200 g Kokosflocken
50 g Vollmilchpulver
 (Patisserieversand)

ZUBEREITUNG

Gebrannte Mandeln nach obigem Rezept zubereiten und abkühlen lassen. Die weiße Kuvertüre schmelzen und die Mandeln damit übergießen und kräftig durchmischen. Die Kokosflocken und das Vollmilchpulver vermengen, die Mandeln damit bestreuen und ebenfalls durchmischen. Alles wieder auf ein mit Backpapier ausgelegtes Backblech legen und komplett erkalten lassen.

Swiss-Meringue-
BUTTER-
CREME

FÜR EINE 20-CM-TORTE
(BEI 2 LAGEN ALS FÜLLUNG UND ÜBERZUG, BEI 3–4 LAGEN NUR ALS ÜBERZUG)

ZUTATEN

150 ml Eiweiß (ca. 5 Eier Größe M)
200 g Zucker
450 g Butter
1 TL Vanillepulver (optional)

ZUBEREITUNG

❶ Das Wichtigste: Alle Zutaten müssen Raumtemperatur haben. Also die Butter und die Eier ein paar Stunden vor Beginn herauslegen!

❷ Zuerst braucht ihr eine hitzefeste (Glas-)Rührschüssel, am besten eine, die ihr auch hinterher in eure Küchenmaschine spannen könnt. Gebt also das Eiweiß und den Zucker in die Schüssel und stellt diese auf einen Topf, der etwa zu einem Drittel mit Wasser gefüllt ist. Der Schüsselboden darf das Wasser nicht berühren! Bei mittlerer Hitze nun so lange von Hand rühren, bis das Eiweiß ca. 70 °C erreicht hat (Thermometer!) und sich der komplette Zucker aufgelöst hat. Wenn das der Fall ist, nehmt ihr die Schüssel wieder vom Topf und stellt sie in eure Küchenmaschine.

❸ Nun die Eiweißmasse mit hohem Tempo schaumig schlagen – so lange, bis die Spitzen halten (ca. 5 Minuten). Die Schüssel sollte nun auch wieder Raumtemperatur haben. Nun muss ein Flachrührer her, denn nun geht's der Butter an den Kragen. Bei kleiner Stufe wird nun die weiche Butter nach und nach hinzugegeben. Wer will, gibt jetzt auch die Vanille hinzu. Wenn alles soweit vermischt ist, wird die Geschwindigkeit der Küchenmaschine wieder auf mittlere Stufe gestellt und gewartet, bis die Magie passiert und sich alles zu einer glatten und seidigen Masse verbunden hat (ca. 3–5 Minuten).

❹ Nun könnt ihr sie im Kühlschrank aufbewahren, bis ihr sie braucht (ich würde sie nicht länger als 5 Tage aufheben) oder direkt verwenden. Wenn sie im Kühlschrank war, braucht sie einige Zeit, um wieder geschmeidig zu werden. Also am besten erst dann zubereiten, wenn ihr sie braucht und sofort verwenden, denn dann ist die Konsistenz am besten.

TIPP *Man kann der Buttercreme mit allerlei leckeren Dingen noch ein wenig Leben einhauchen. Wie wäre es z.B. mit etwas Haselnusspaste oder flüssiger Schokolade? Auch z.B. ein Mangopüree ist eine leckere Variante – oder frische Himbeeren? Die Möglichkeiten sind endlos, wenn man ein gutes Grundrezept wie dieses hier hat. Allerdings maximal 100 ml Flüssigkeit hinzufügen.*

VANILLE-KUCHEN
mit Apple-Butter-Frosting

FÜR 1 20-CM-KUCHEN MIT 3 SCHICHTEN

ZUTATEN

300 g Weizenmehl Type 405

100 g Stärke

2 TL Backpulver

1 Pr. Salz

2 TL Vanillepulver

200 g Butter

4 Eier

200 g Zucker

200 ml Mineralwasser (oder andere
   Flüssigkeit wie Fruchtsaft)

Frosting/Buttercreme

1 Rezept Swiss Meringue
   Buttercreme wie Seite 30

100 ml Apple Butter wie Seite 95

1 TL Vanillepulver

Apfelkompott

1–2 Äpfel, z.B. Granny Smith

100–200 ml Apfelmus

1 Prise Zimt

1–2 EL Speisestärke

Außerdem

ca. 100 g weiße Candymelts

Baiser, z.B. nach dem Rezept
   auf Seite 26

Zucker-Streudeko

ZUBEREITUNG

❶ Den Ofen auf 175 °C vorheizen. Mehl, Stärke, Backpulver, Salz und Vanille vermengen, durchsieben und beiseite stellen. Die Butter in einem kleinen Topf schmelzen und abkühlen lassen. Die Eier und den Zucker zusammen schaumig rühren. Die Butter und das Mineralwasser in die Schüssel zu den Eiern geben und durchmischen. Nun das Mehl hinzugeben und unterrühren.

❷ Den Teig auf drei gefettete 20-cm-Formen aufteilen, feuchte Frotteestreifen um die Formen legen, mit einer Sicherheitsnadel befestigen und die Formen ca. 20 Minuten backen. Garprobe machen! Komplett auskühlen lassen und bis zur weiteren Verwendung in Frischhaltefolie wickeln.

❸ *Nun zum Apfelkompott:* Für 1 Schicht Kompott 1 Apfel etc., für 2 Schichten Kompott 2 Äpfel etc. nehmen. Zuerst die Äpfel entkernen und fein würfeln. Nun das Apfelmus, den Zimt, die Apfelstücke und die Speisestärke bei mittlerer Hitze köcheln lassen, bis die Masse etwas eindickt. Abkühlen lassen.

❹ *Und nun zum Frosting:* Bereitet ein Rezept der Buttercreme auf Seite 30 zu und rührt noch die Apple Butter und die Vanille unter. Nun den Kuchen zusammensetzen. Dafür die erkalteten Böden oben gerade schneiden. Setzt den unteren Boden auf eine drehbare Tortenplatte. Nun ca. 80 g Buttercreme auf dem Boden verstreichen. Den zweiten Boden daraufsetzen, mit der Buttercreme einen „Ring" auf den oberen Boden machen. In diesen Ring nun das Kompott füllen und den dritten Boden daraufsetzen. Den Kuchen nun mit einer dünnen Schicht Frosting ummanteln (Krümelfangschicht). Stellt ihn nun ca. ½ Stunde in den Kühlschrank. Danach den Kuchen mit dem Rest der Buttercreme bestreichen und nach den eigenen Wünschen verzieren (z.B. mit Candymelts und Baiser wie auf Seite 26). Die Torte bis zum Servieren kühlen (ohne Baiser darauf!) und ca. 2 Stunden vor dem Anschneiden aus dem Kühlschrank nehmen.

ESPRESSO-KUCHEN mit
Mascarpone-Füllung und Preiselbeeren

FÜR 1 20-CM-KUCHEN MIT 3 SCHICHTEN

ZUTATEN

200 ml starker Kaffee
200 g Butter
300 g Weizenmehl Type 405
100 g Stärke
2 TL Backpulver
2 TL Vanillepulver
1 Pr. Salz
2 TL Instant-Espressopulver
2 EL Backkakao
4 Eier
200 g Zucker

Frosting
½ Rezept Meringue Buttercreme
  wie Seite 30
250 g Mascarpone
1 Glas Preiselbeeren

Deko
Cranberrys, in Zuckersirup und
  Zucker gewälzt
Rosmarinzweige

ZUBEREITUNG

❶ Zuerst den Kuchen backen. Dafür den Ofen auf 175 °C vorheizen. Starken Kaffee kochen und abkühlen lassen. Die Butter in einem kleinen Topf schmelzen und abkühlen lassen. Mehl, Stärke, Backpulver, Vanille, Salz, Espressopulver und Kakao vermengen, durchsieben und beiseite stellen. Eier und Zucker zusammen schaumig rühren. Butter und Kaffee in die Schüssel zu den Eiern geben und durchmischen. Nun die Mehlmischung hinzugeben und unterrühren.

❷ Den Teig auf drei gefettete 20-cm-Formen aufteilen, feuchte Frotteestreifen um die Formen legen, mit einer Sicherheitsnadel befestigen und ca. 20 Minuten backen. Garprobe machen! Komplett auskühlen lassen und bis zur weiteren Verwendung in Frischhaltefolie wickeln.

❸ Wenn die Böden erkaltet sind, die Buttercreme nach den Rezept auf Seite 30 zubereiten und den Mascarpone unterrühren. Die Böden, falls nötig, gerade schneiden. Einen Boden aussuchen und auf eine drehbare Tortenplatte stellen. Ca. ein Drittel des Frostings in einen Spritzbeutel füllen. Den Boden dünn mit Preiselbeeren bestreichen und die Buttercreme in Tupfen daraufsetzen. Den nächsten Boden darauflegen und ebenso verfahren. Den abschließenden Boden daraufsetzen und mit dem Rest der Buttercreme verzieren. Kurz vor dem Servieren mit Rosmarinzweigen und den gezuckerten Cranberrys verzieren.

SCHOKOLADEN

tannenbaum

FÜR 1 KUCHEN

ZUTATEN

190 g Weizenmehl Type 405

30 g Backkakao

2 TL Backpulver

1 Prise Salz

½ TL Vanillepulver

320 g Butter

200 g Zartbitterkuvertüre

6 Eier

200 g Zucker

50 ml starker Espresso

Frosting

1 Rezept Swiss Meringue
  Buttercreme wie Seite 30

100 g Zartbitterkuvertüre

Glasur

100 g Zartbitterkuvertüre

100 ml Sahne

ZUBEREITUNG

❶ Den Ofen auf 175 °C vorheizen. Mehl, Kakao, Backpulver, Salz und Vanille vermengen, durchsieben und beiseite stellen. Die Butter schmelzen, die Kuvertüre klein hacken und zur geschmolzenen Butter geben. So lange rühren, bis die Kuvertüre sich komplett aufgelöst hat.

❷ Die Eier in eine Rührschüssel geben und mit den Zucker zusammen auf hoher Stufe schaumig rühren. Danach die abgekühlte Butter-Schokoladenmischung hinzufügen und gut unterrühren.

❸ Nun die Mehlmischung hinzugeben und gut durchrühren. Zum Schluss noch den Espresso unterrühren. Den Teig in ein mit Backpapier ausgelegtes Backblech geben und ca. 25 Minuten backen. Garprobe machen! Komplett auskühlen lassen.

❹ Wenn der Boden erkaltet ist, wird die Buttercreme zubereitet. Dafür verfahren wie auf Seite 30 beschrieben und zwischendurch die Zartbitterschokolade über einem Wasserbad schmelzen, etwas abkühlen lassen und unter die Buttercreme heben. Nun den Kuchen in folgende Maße/Breiten schneiden: 15, 10, 5 und 3 cm. Das breiteste Stück auf eine längliche Servierplatte legen. Dünn etwas Frosting darauf verteilen und das nächstkleinere Stück darauflegen.

❺ So weiterschichten, bis der Boden und ca. die Hälfte des Frostings aufgebraucht sind. Den Rest der Buttercreme an die Seiten der Böden streichen und versuchen, ein schönes Dreieck hinzubekommen. Mit einem Teigschaber glattstreichen und für ½ Stunde in den Kühlschrank stellen.

❻ In der Zwischenzeit die Zartbitterkuvertüre und die Sahne in ein Wasserbad geben und so lange erwärmen, bis sich die Schokolade aufgelöst hat. Die Ganache lauwarm abkühlen lassen. Die Ganache mit einem Teelöffel über den gefrosteten Kuchen gießen. Den Kuchen kühlstellen. Zum Servieren Scheiben in der gewünschten Dicke abschneiden.

GEWÜRZ-GUGELHUPF

mit perfekter Schokoladenglasur

FÜR 1 GUGLHUPF

ZUTATEN

250 g Butter
250 g Zucker
250 g Weizenmehl Type 405
1 Pr. Vanillepulver
1 TL Zimt
1 Pk. Backpulver
4 Eier
100 g gemahlene Mandeln
  oder Haselnüsse
100 g Schokoladentropfen
200 g geriebener Apfel,
  z.B. Granny Smith

Glasur
250 g Zartbitterschokolade
1 TL Butter
1 TL Kokosöl

ZUBEREITUNG

❶ Gebt zuerst die zimmerwarme Butter in einen Standmixer und schlagt sie langsam mit dem Zucker zusammen auf. Mehl, Vanille, Zimt und Backpulver miteinander vermengen und durchsieben.

❷ Die Eier nach und nach zur Butter geben und nach jedem Ei kräftig weiterrühren. Die Mandeln bzw. Nüsse, die Mehlmischung und die Schokoladentropfen mit in die Schüssel geben und gut verrühren. Die Äpfel ein wenig ausdrücken und ebenfalls unter den Teig heben.

❸ Die Masse in eine Silikon-Gugelhupfform (Wichtig! Nur damit geht's!) füllen und bei 180 °C ca. 60 Minuten backen (Garprobe!). Zur Not kurz vor dem Ende der Backzeit mit etwas Alufolie abdecken.

❹ Den Gugelhupf nun komplett auskühlen lassen. Aus der Form stürzen und die Form gründlich säubern.

❺ Jetzt kommt der Trick für eine perfekte Glasur: Schmelzt die Schokolade mit der Butter und dem Kokosöl und lasst sie auf 32 °C abkühlen. Füllt diese geschmolzene Schokolade dann in die Silikon-Gugelhupfform (klappt NUR damit!). Jetzt müsst ihr den Gugelhupf wieder passend in die gefüllte Form stürzen und kräftig aber vorsichtig drücken. Wirklich vorsichtig! Die Schokolade soll an den Seiten etwas hochkommen und ihr solltet sie sehen, wenn ihr die Silikonform am Rand etwas zur Seite zieht. Stellt die Form nun in den Kühlschrank und lasst die Schokolade komplett aushärten (etwa 4 Stunden). Danach vorsichtig aus der Silikonform „schälen" und sich am perfekten Ergebnis erfreuen.

BAUM-KUCHEN-
würfel

FÜR CA. 30 STÜCK

ZUTATEN

350 g Weizenmehl Type 405

50 g Stärke

3 TL Backpulver

250 g Butter

200 g Zucker

2 TL Vanillepulver oder gemahlene
Tonkabohne

1 TL Salz

5 Eier

7 EL Milch

2 EL Rum oder 2 TL Rum-Aroma

Glasur

2 Gläser Samt-Aprikosenkonfitüre

400 g Zartbitterkuvertüre

2 TL Palmin

ZUBEREITUNG

❶ Mehl, Stärke und Backpulver vermengen und durchsieben. Zimmerwarme Butter, Zucker, Vanille bzw. Tonkabohne und Salz in eine Rührschüssel geben und schaumig rühren. Die Eier trennen; die Eigelbe nacheinander zur Butter geben und kräftig rühren. Das Eiweiß separat steif aufschlagen. Milch und Rum oder Rum-Aroma zur Butter-Ei-Masse geben und nun das Mehl unterrühren. Das Eiweiß auf zwei Mal unter den Teig heben.

❷ Nun eine Form mit 20 × 30 cm mit passend geschnittenem Backpapier auslegen und 1 Suppenkelle Teig auf dem Boden verteilen. Den Ofen auf 200 °C Grillfunktion (!) stellen und die Form auf ein Backblech möglichst weit oben im Ofen stellen und ca. 7 Minuten grillen, bis der Boden leicht gebräunt ist. Danach vorsichtig herausnehmen und wieder 1 Suppenkelle Teig verteilen. So lange wiederholen, bis der Teig leer ist. Den Baumkuchen dann komplett auskühlen lassen.

❸ Als Nächstes die Samt-Konfitüre in einen Topf geben und erhitzen. In der Zwischenzeit den Baumkuchen in mundgerechte Stücke schneiden. Nun zuerst jedes Stück Baumkuchen mit einer Gabel in die Aprikosenkonfitüre tauchen, abtropfen lassen und danach auf einem Gitter trocknen lassen. Danach 200 g der Zartbitterkuvertüre und das Palmin über einem Wasserbad erhitzen, bis beides gerade so geschmolzen ist. Die restlichen 200 g Kuvertüre klein hacken und zur geschmolzenen Kuvertüre geben, rühren und ohne Hitze von unten schmelzen lassen – so erreicht man ziemlich genau 31 °C, was die perfekte Verarbeitungstemperatur für Kuvertüre ist.

❹ Ist alles geschmolzen, werden die Baumkuchenwürfel in die Kuvertüre getaucht, abgetropft und danach auf einem Stück Backpapier zum Trocknen ausgelegt. Seht zu, dass die Schokoladendecke geschlossen ist. So präpariert halten Sie sich wochenlang frisch.

Gefüllte
WEIHNACHTS-
quarkbällchen

Quarkbällchen liebe ich seit meiner Kindheit, und wenn sie gefüllt sind, ist das natürlich das Tüpfelchen auf dem i. Diese hier sind saftig, zimtig und einfach nur lecker – aber was rede ich, probiert sie!

FÜR CA. 30 STÜCK

ZUTATEN

400 g Weizenmehl Type 405
250 g Zucker
1 TL Salz
1 TL Vanillepulver
1 Pk. Backpulver
400 g Magerquark
4 Eier

Außerdem
ca. 200 g Zucker-Zimt-Mischung
   nach Geschmack
festes Pflaumenmus zum Füllen
ca. 1–2 l Sonnenblumenöl zum
   Ausbacken

ZUBEREITUNG

❶ Zuerst die Zutaten für den Teig alle zusammen in einer Schüssel vermengen. Die Zucker-Zimt-Mischung nach Geschmack zubereiten (ich mag's gern mit mehr Zimt) und das Pflaumenmus entweder in einen stabilen Spritzbeutel oder eine Tortenspritze füllen. Das Öl in einen hohen Topf geben und heiß werden lassen.

❷ Nun die Finger befeuchten, jeweils eine ca. golfballgroße Portion Teig nehmen, zwischen beiden Händen rund formen und vorsichtig in das heiße Fett geben. Es geht auch, indem man den Teig in einen Spritzbeutel füllt, ein ca. 3 cm breites Ende abschneidet, ein wenig Teig herausdrückt und dann mit einem Messer „abschneidet" und diesen Teigling dann in das Öl gibt. Man kann den Teig auch schon zu Bällchen formen, abgedeckt beiseite stellen und erst dann frittieren, wenn die Gäste da sind. Wenn die Bällchen braun sind, herausnehmen und in der Zucker-Zimt-Mischung wälzen. Die Spritze mit dem Pflaumenmus vorsichtig in das Bällchen drücken und diese damit füllen. Die Bällchen schmecken am Tag des Backens am besten.

PAPAS

Lebkuchenhaus

Mein Papa macht die schönsten Lebkuchenhäuser – und das schon seit ich mich erinnern kann. Jedes Jahr wird eines gemacht, mit viel Aufwand und Liebe zum Detail. Als Kind habe ich mit leuchtenden Augen davor gestanden – aber eines war sicher: Gegessen wurde es nie! Dafür war es einfach immer viel zu schön anzusehen. Ohne Papas Häuschen ist es auch heute noch kein Weihnachtsfest.

FÜR 1 LEBKUCHENHAUS

ZUTATEN

1250 g Weizenmehl Type 1050
3 EL Lebkuchengewürz
500 g brauner Zucker
500 g dunkler Zuckerrübensirup
1 EL Pottasche
150 ml Milch
150 g weiche Butter

Außerdem
ca. 6 Eiweiß
ca. 3 Pk. Puderzucker
Gelatineplatten als Fensterscheiben
Tierausstecher (z.B. Katze)
Hexenfigur
buntes Zuckerzeug (z.B. Smarties,
 Schokoplätzchen, Nonpareilles
 etc.)

ZUBEREITUNG

❶ Mehl, Gewürz, Zucker, Sirup und Pottasche mit der Milch und der Butter in einer Schüssel zu einem Teig verkneten. Er wird am Anfang sehr krümelig sein und sich nicht gut verkneten lassen, aber dieser Teig braucht Zeit und Muskeln. Denn ihr müsst weiterkneten, bis der Teig geschmeidig ist und glänzt. Formt ihn nun zu einer Rolle und wickelt ihn in Alufolie. Der Teig muss nun über Nacht in den Kühlschrank.

❷ Schneidet euch aus Karton oder festem Papier Schablonen aus – Vorlagen siehe nächste Seite, und eine ausführliche Schritt-für-Schritt-Bildanleitung gibt es unter www.christinamachtwas.de.

❸ Den Teig ca. 3 Stunden vor dem Verarbeiten aus dem Kühlschrank nehmen und Raumtemperatur annehmen lassen. Nochmals durchkneten. Auf bemehlter Arbeitsfläche ½ cm dick ausrollen, die Schablonen auflegen und rundherum ausschneiden. Die Fenster und Türen mit dem Messer anzeichnen, das Grundstück ausschneiden, eventuell Bäume und Tiere ausstechen oder ausschneiden und mit etwas Milch bepinseln. Wenn diese Schicht getrocknet ist, nochmals mit Milch einpinseln.

❹ Den Ofen auf 180 °C vorheizen und den Lebkuchen ca. 15 Minuten backen. Den Lebkuchen erkalten lassen und Fenster und Türen ausschneiden und beiseitelegen.

❺ Jetzt kann aus dem Eiweiß und dem Puderzucker eine dicke Glasur angerührt werden und das Häuschen zusammengesetzt werden. Zuerst die Fensteröffnungen von hinten mit Gelatineplatten verschließen. Dann legt man zuerst die Grundplatte hin und dann werden 2 Seiten mit Glasur festgeklebt und mit Rouladennadeln von innen gestützt. Dann die beiden anderen Seiten festkleben und ebenfalls abstützen. Lasst diesen Grundbau nun mindestens 24 Stunden trocknen!

▶

⑥ Danach die Rouladennadeln entfernen. Dann kann das Dach aufgesetzt werden und ebenfalls wieder mit Rouladennadeln befestigt werden. Nach weiteren 24 Stunden ist das Häuschen fertig zum Verzieren. Hier sind der Fantasie keine Grenzen gesetzt. Wir machen an unsere Häuschen sogar einen Balkon dran! Der Schornstein bekommt ein bisschen Wattefüllung als Rauch, die Katze kommt aufs Dach und über das fertige Werk wird noch ordentlich Puderzucker gestreut. Nur so wird's für uns ein richtiges Lebkuchenhaus.

DACH ÜBERSTAND/MIT BALKON

DACH LEICHTER ÜBERSTAND/OHNE BALKON

DACH ABSCHLIESSEND

SCHORNSTEIN

2 × SEITENWAND
JE 1 × SCHNITT

HINWEIS
Schnitte um die Hälfte verkleinert. Bitte mit 200 % kopieren.

1× VORDERWAND ——————
2× VORDERWAND SCHNITTE - - - - -
1× RÜCKWAND ——————
3× RÜCKWAND SCHNITTE ···········

2 TEILE FÜR DEN BALKON

1× - - - - - - - -

1× ···············

WINTER *cocktails*

Kennt ihr den Film „Eine schöne Bescherung"? Dieser Film wird bei mir jedes Jahr geschaut und natürlich am liebsten mit einer Tasse Eggnog und lieben Freunden. Außerdem braucht man ja immer mal eine Kleinigkeit aus der Küche als Geschenk, und dafür eignet sich der Schokoladelikör hervorragend.

Eggnog/ Eierpunsch

FÜR 6 PERSONEN

ZUTATEN
2 Eier
500 ml Milch
200 ml Sahne
100 g Zucker
1 TL Zimt
1 TL Vanillepulver
1 Prise Salz

Zum Servieren
nach Bedarf Rum oder Brandy
geschlagene Sahne
1 Prise Muskat

ZUBEREITUNG

❶ Die Eier in einem großen Topf verquirlen. Nun alle anderen Zutaten dazugeben und gut durchmischen. Bei mittlerer Hitze unter ständigem Rühren erwärmen (nicht kochen!), bis die Mischung eindickt. Den Eggnog vom Herd nehmen und durch ein Sieb in ein luftdicht verschließbares Gefäß geben. Über Nacht im Kühlschrank komplett durchkühlen lassen.
❷ In den USA trinkt man den Eggnog gekühlt, mit einem Schuss Rum, Sahnehäubchen und einer Prise Muskat. Ich trinke ihn leicht erwärmt ohne Alkohol sehr gerne. Dann schmeckt er wie sehr flüssige Vanillesoße .

Schokoladenlikör

FÜR 2 FLASCHEN À 300 ML

ZUTATEN
100 g Schokolade, z.B. Kinderschokolade
50 g Zucker
200 ml Milch
200 ml Sahne
150 ml guter milder Wodka

ZUBEREITUNG

❶ Die Schokolade klein hacken und in einem Topf mit dem Zucker und der Milch gerade so lange erwärmen, bis sich die Schokolade komplett aufgelöst hat. Nicht kochen!
❷ Danach vom Herd nehmen und etwas abkühlen lassen. Jetzt noch Sahne und Wodka hinzufügen und die Masse komplett auf Raumtemperatur auskühlen lassen. Nochmals kräftig durchrühren und in Flaschen abfüllen. Bitte im Kühlschrank aufbewahren – hält sich ca. 2 Wochen.

TIPP *Sollte sich die Sahne oben absetzen, kann es daran liegen, dass der Likör beim Abfüllen noch zu warm war. Dann einfach mit einem Schaschlikspieß durchstechen, den Likör durch ein Sieb geben und wieder abfüllen. Das Problem sollte nicht noch einmal auftreten.*

WEIHNACHTEN

Es ist soweit! Der Heilige Abend steht vor der Tür, und es geht an die Planung der Feiertage. Meine Familie war da in meiner Kindheit sehr traditionell – es gab an Heiligabend ein Festessen samt Gänsebraten, der von meinem Vater persönlich zubereitet wurde (er wollte sich ja nur vor der Kirche drücken ...). Nun, mit den Jahren, einer rebellischen Tochter und wachsenden Familienstrukturen haben wir das anders geregelt – Heiligabend essen meine Eltern nun bei mir, und ich koche das Festessen – ganz ohne armes Gänsetier. Wer jetzt allerdings denkt, dass da doch auf der Tafel etwas fehlen muss, den kann ich beruhigen: Es hat sich noch keiner beschwert. Alle sind immer satt geworden, und durch ein reichhaltiges und abwechslungsreiches Menü fällt überhaupt nicht auf, dass kein Fleisch auf dem Tisch steht. Versprochen.

Kombiniert doch einfach wild herum – ich habe in diesem Kapitel für alles vorgesorgt: ob Weihnachtsmenü, Dessertideen oder Rezepte für das gemütliche Zusammensein.

PANIERTE SCHWARZ-WURZELN

mit dreierlei Dips

Schwarzwurzeln sind ein Gemüse, welches ich aus meiner Kindheit nur als Schwarzwurzeln in Soße mit Hackfleischklößchen kenne. Dabei kann man so viel mehr mit ihnen machen. Und besonders mit der Aioli zusammen sind sie eine Wucht.

ALS VORSPEISE FÜR 4 PERSONEN

ZUTATEN
500 g frische Schwarzwurzeln
2 Eier
Salz und Pfeffer
1 Prise Chili
ca. 100 g Weizenmehl Type 405
ca. 200 g Paniermehl
1–2 EL gehackte Petersilie

ZUBEREITUNG
❶ Die Schwarzwurzeln schälen (am besten mit Handschuhen) und danach in ca. fingerlange Stücke schneiden. Nun ca. 10 Minuten in etwas Salzwasser kochen.

❷ In der Zwischenzeit die Panierstation vorbereiten. Also die Eier auf einen Teller geben und mit Salz, Pfeffer und Chili vermengen. Zwei weitere Teller aufstellen und jeweils mit Mehl und Paniermehl bestücken. Dem Paniermehl mische ich gerne noch etwas Petersilie, Chili oder Paprikapulver bei. Die Schwarzwurzeln abgießen, panieren und in einer tiefen Pfanne mit ca. 2 Fingerbreit Öl goldbraun ausbacken.

Spanische Aioli

ZUTATEN

100 ml Vollmilch
200 ml Sonnenblumenöl
2–3 Knoblauchzehen
1 TL Salz
Pfeffer nach Bedarf

ZUBEREITUNG

Alle (zimmerwarmen) Zutaten in einen hohen Messbecher geben und mit dem Pürierstab so lange durchmixen, bis eine cremige Masse entsteht. Eventuell den Pürierstab etwas auf und ab bewegen. Mit etwas Pfeffer abschmecken.

Süß-Saure-Gochugaru-Soße

ZUTATEN

2 TL Speisestärke
250 ml Ananasdirektsaft
70 g brauner Zucker
TL Sojasoße
1 EL Gochugaru-Pulver (Asialaden)

ZUBEREITUNG

Zuerst die Speisestärke in 3 TL Wasser auflösen. Dann alle Zutaten bis auf das Gochugaru-Pulver in einen Topf geben und so lange aufkochen, bis die Soße eindickt. Dann das Gochugaru hinzufügen, unterrühren und abkühlen lassen.

Honig-Senf-Soße

ZUTATEN

100 g Mayonnaise oder Aioli (siehe links)
3 EL mittelscharfer Senf
2 EL süßer Senf
2 EL flüssiger Honig
Salz und Pfeffer

ZUBEREITUNG

Einfach alle Zutaten miteinander vermengen und die Soße mit Salz und Pfeffer abschmecken.

Blätterteig-HÖRNCHEN

mit Gemüsefüllung auf Hummusspiegel

Man ist ja immer mal auf der Suche nach einer Vorspeise, die viel her macht, hübsch aussieht und dabei richtig schnell zubereitet ist. Dann ist dieses Gericht genau das richtige – denn bis auf ein bisschen Schnippeln ist es ruckzuck fertig.

FÜR 4–6 PERSONEN ALS VORSPEISE

ZUTATEN

1 Rolle Blätterteig (Kühlregal)
1 Ei
1 kleine Aubergine
1 Rote Bete
1 Möhre
50 g Spitzkohl
50 g Wirsing
½ Dose Kidneybohnen
50 g Prinzessbohnen
Butter zum Anbraten
1 TL Kumin
1 EL geräuchertes Paprikapulver
1 EL Paprikamark
Salz und Pfeffer

Hummus

1 Dose Kichererbsen
4 Stängel Koriander
4 Stängel Petersilie
1 Knoblauchzehe
2 EL Zitronensaft
2 EL Tahina-Paste
  (Sesampaste)
Salz und Pfeffer

Außerdem

z.B. Fladenbrot oder Focaccia
  von Seite 75 oder 129
Salat von Seite 115

ZUBEREITUNG

❶ Zuerst die Blätterteighörnchen herstellen. Dafür passend aus Alufolie ca. 10 cm lange Kegel mit ca. 4 cm Durchmesser an der Öffnung formen. Den Blätterteig dann in lange Streifen schneiden und um den Kegel herumlegen. An den Enden fest andrücken. Mit etwas Ei bestreichen und bei 180 °C ca. 10–15 Minuten goldbraun backen. Auskühlen lassen und in der Zwischenzeit sämtliches Gemüse (bis auf die Kidneybohnen) in kleine Würfel hacken. Mit etwas Butter in einer Pfanne anbraten, würzen und abschmecken.

❷ Alle Zutaten für den Hummus in einen Mixer geben und zu einer feinen Creme pürieren. Die ausgekühlten Hörnchen vorsichtig von den Alu-Kegeln lösen. Auf einen Teller zuerst den Hummus streichen, danach das Hörnchen mit Gemüse füllen und auf dem Teller drapieren. Mit Brot und Salat servieren.

WINTER-GEMÜSE-

Bruschetta mit Whipped Feta

Ich liebe es, dass Wurzelgemüse im Winter so günstig ist und es eine riesige Auswahl in jedem Supermarkt gibt. Aber der wirkliche Star dieses Gerichts ist die Fetacreme, die sich im Mund sanft wie eine Wolke anfühlt. Ich denke, es wird Zeit für dieses herrliche Bruschetta mit Whipped Feta auf eurem Tisch.

FÜR 6 PERSONEN ALS VORSPEISE

ZUTATEN

Ofengemüse
ca. 1,5 kg gemischtes Wintergemüse
  (z.B. 2 Möhren, 1 Rote Bete,
  2 Stangen Sellerie, 1 Pastinake,
  1 Handvoll Rosenkohl, 3 Kartoffeln,
  ½ Blumenkohl)
4 EL Olivenöl
2 TL Meersalz
2 TL geräuchertes Paprikapulver
1 TL Chilipulver oder Harissa

Whipped Feta
400 g Feta aus Ziegen- und
  Schafsmilch
200 g Vollfett-Frischkäse
1 TL Sriracha- oder eine andere
  Chili-Soße

Außerdem
ca. 10 Scheiben Schwarzbrot

ZUBEREITUNG

❶ Zuerst den Whipped Feta zubereiten. Dafür den Feta, den Frischkäse und etwas Srirachasoße (oder eine andere scharfe Soße, die nicht so flüssig ist) in einen guten Mixer geben und alles so lange durchmixen, bis eine Creme ohne Stückchen entstanden ist. Gebt diese Creme dann in die Schüssel der Küchenmaschine und schlagt sie wie Sahne ca. 3–4 Minuten auf höchster Stufe auf. Bei einem Handrührgerät kann es länger dauern, bis die schöne Konsistenz erreicht ist. Diese richtig fluffige Creme kann nun in ein Serviergefäß gefüllt und im Kühlschrank aufbewahrt werden.

❷ Nun das Gemüse waschen und putzen und in mundgerechte Stücke schneiden. Alles auf ein mit etwas Olivenöl eingeriebenes Backblech geben und mit dem restlichen Öl, dem Salz und den Gewürzen vermengen. Bei 200 °C ca. 30 Minuten backen. Nach der Hälfte der Garzeit mit einem Pfannenwender wenden und eventuell in den letzten 5 Minuten die Grillfunktion des Ofens einschalten.

❸ Das Brot nun entweder mit Whipped Feta bestreichen und das Gemüse daraufgeben oder anders herum servieren. Ohne Brot ist dieses Gericht auch eine super Beilage.

LINSEN-
braten mit Geheimwaffensoße

ZUTATEN

600 g gekochte Linsen (rot und braun), entspricht
  ca. 300 g ungekochten Linsen
3 EL Leinsamenmehl (Bioladen, kann durch
  2 Eier ersetzt werden)
2 Knoblauchzehen
2 Zwiebeln
50 g getrocknete Tomaten
100 g Kräuterseitlinge
1 Karotte
200 g Semmelbrösel
1 TL frische gehackte Petersilie
Salz und Pfeffer
ca. 1 EL geräuchertes Paprikapulver
Fett für die Form

ZUBEREITUNG

❶ Die Linsen nach Packungsangaben weich kochen und abkühlen lassen. Das Leinsamenmehl mit 9 EL Wasser vermengen und beiseite stellen. Knoblauch und Zwiebeln schälen und ebenso wie die getrockneten Tomaten und die Kräuterseitlinge würfeln. Alles mit Olivenöl scharf anbraten. Die Karotte schälen und grob raspeln. Nun alles in eine große Schüssel geben. Den Leinsamenbrei in Stücke zupfen und gut mit der übrigen Masse verkneten. Die Semmelbrösel und die Petersilie hinzufügen. Mit reichlich Salz, Pfeffer und geräuchertem Paprikapulver würzen. Eine Kastenform einfetten und die Masse hineingeben.
❸ Bei 180 °C Heißluft ca. 1 Stunde backen. Den Braten aus der Form lösen und kurz etwas abkühlen lassen. Mit einem scharfen Messer (besser noch ein elektrisches Messer) in Scheiben schneiden und servieren.

Geheimwaffensoße

ZUTATEN

1 große Möhre
½ Stange Lauch
1 große weiße Zwiebel
1 EL Olivenöl
3 Lorbeerblätter
6 8 (frische) Wacholderbeeren
3 EL Weizenvollkornmehl
ca. 750 ml Gemüsebrühe
1 TL Tamarindpaste (Asialaden)
2–3 EL dunkle Sojasoße
Salz und Pfeffer

ZUBEREITUNG

❶ Zuerst die Möhre schälen und in grobe Stücke schneiden, den Lauch in Ringe schneiden und waschen und die Zwiebel schälen und schneiden. Jetzt diese drei Gemüsesorten mit etwas Olivenöl richtig scharf anbraten; es dürfen ruhig ein paar Röstaromen entstehen. Die Lorbeerblätter und die Wacholderbeeren dazugeben und durchrühren. Das Mehl darüberstreuen, durchmischen und mit etwas Gemüsebrühe auffüllen. Durchrühren, alles aufkochen lassen und wieder etwas Gemüsebrühe unterrühren. Jetzt die anderen würzenden Zutaten hinzugeben und abschmecken.
❷ Falls gewünscht, die Soße noch ein bisschen einreduzieren lassen, die Lorbeerblätter und die Wacholderbeeren entfernen und die Soße im Topf pürieren. Entweder nun filtern (z.B. mit einem Käsetuch) oder einfach so lassen und servieren. Die Soße kann man auch super am Vortag vorbereiten.

FELLAH KÖFTESI

Bulgurklößchen in Paprika-Tomatensoße

Dieses Gericht stammt aus der türkischen Küche, und ich finde es so lecker, dass es unbedingt auf die Weihnachtstafel gehört (und man kann es super vorbereiten). Der Knoblauch und die Tomaten zusammen mit den leckeren Grießklößchen ... Hach, ein Traum.

FÜR 4 PERSONEN

ZUTATEN

280 g feiner Bulgur
450 ml heißes Wasser
180 g Grieß
1 EL Tomatenmark
1 geriebene Zwiebel
Salz und Pfeffer
Kreuzkümmel
3 EL Weizenmehl Type 405

Soße
6 Tomaten
2 Knoblauchzehen
100 ml Olivenöl
3 EL Tomatenmark
3 EL Paprikamark
1 Zweig frische Minze
Salz und Pfeffer

ZUBEREITUNG

❶ Zuerst den Bulgur in eine große Schüssel geben und mit dem heißen Wasser übergießen. Alles mit einem Holzlöffel umrühren und ca. 5 Minuten quellen lassen. Danach die restlichen Zutaten hinzugeben und alles gut vermengen. Nochmals ca. 5 Minuten ruhen lassen.

❷ Danach mit leicht angefeuchteten Fingern kleine ca. haselnussgroße Bällchen formen und mit dem Zeigefinger eine Kuhle hineindrücken (oder auch in andere Formen bringen; ich mag sie z.B. dreieckig sehr gern). Die fertigen Bällchen auf eine mit etwas Mehl bestreute Fläche legen. Wenn alle Bällchen geformt sind, einen großen Topf mit reichlich Salzwasser aufsetzen und aufkochen lassen. Sobald das Wasser kocht, die Bällchen hineingegeben und so lange köcheln lassen, bis sie oben schwimmen. Dann sind sie gar. Nur sehr vorsichtig rühren!

❸ In der Zwischenzeit die Tomaten waschen, vom Strunk befreien, klein schneiden und in einer Pfanne zusammen mit dem geschälten und klein gehackten Knoblauch und dem Olivenöl anbraten. Das Tomaten- und Paprikamark hinzugeben und weiterschmoren. Die Minze hacken. Die Soße mit Salz und Pfeffer abschmecken und vom Herd nehmen.

❹ Die Bulgurbällchen mit einem Schaumlöffel aus dem Wasser heben und in die Pfanne geben. Alles vorsichtig vermengen, in eine Servierschüssel geben und mit der frischen Minze bestreuen. Schnell servieren. Dazu passt hervorragend ein bisschen Fladenbrot mit Kräuterbutter und ein leckerer Salat.

PASTA mit Gorgonzola, Walnüssen & gebratenem Chicorée

Dieses Pastagericht vereint für mich die klassischen Winteraromen: eine cremige Soße mit würzigem Gorgonzola, knackigen Walnüssen und leicht bitterem Chicorée. Unglaublich lecker, unglaublich schnell gemacht und das Wintergericht schlechthin.

FÜR 3 PERSONEN

ZUTATEN

500 g Pasta (z.B. Spaghetti)
3 Köpfe Chicorée
Olivenöl zum Anbraten
Salz und Pfeffer
2 Knoblauchzehen
300 g Schmand
300 g Frischkäse
200 g Gorgonzola
3 EL Zitronensaft
20 g Walnüsse
ein paar Stängel Thymian

ZUBEREITUNG

❶ Die Pasta in reichlich Salzwasser nach Packungsangabe al dente kochen. In der Zwischenzeit den Chicorée achteln und mit etwas Olivenöl in einer Pfanne scharf anbraten. Salz und Pfeffer nach Geschmack hinzugeben. Den Knoblauch schälen, fein hacken und in etwas Öl in einer Pfanne anbraten. Schmand, Frischkäse, Gorgonzola und Zitronensaft hinzugeben und köcheln lassen. Mit Salz und Pfeffer abschmecken.

❷ Die Walnüsse hacken und in einer Pfanne ohne Öl anschwitzen. Die Pasta abgießen, zur Soße geben, gut durchmengen und in einem tiefen Teller drapieren. Den Chicorée und die Walnüsse darübergeben und mit etwas frischem Thymian vollenden.

Gebackener Feta auf
SAFRAN-
REIS
mit Paprikachutney

Gebackener Feta ist eines meiner Lieblingsgerichte der vegetarischen Küche, denn er ist würzig und knackig in einem. Das Parikachutney ist eine leckere und außergewöhnliche Ergänzung, und die Kombination von beidem ist einer meiner Favoriten für die Weihnachtstafel.

FÜR 4 PERSONEN

ZUTATEN
400 g Basmatireis
1 TL Safran
400 g Feta
1 Ei
Salz und Pfeffer
1 Spritzer Tabasco
100 g Weizenmehl Type 405
150 g Paniermehl
1 EL frischer gehackter Koriander

Chutney
300 g rote Paprika
1–2 EL brauner Zucker
1 EL Rotweinessig
1 TL süßer Senf
1 TL Senfkörner
½ TL Sumach
½ TL Zitronenschalenabrieb
2 TL Salz
2 TL Chilipulver
1 TL Bockshornkleesamen
1 TL Kumin

ZUBEREITUNG

❶ Zuerst das Chutney herstellen. Dafür die Paprika entkernen und klein schneiden. Den Zucker in einem Topf zum Schmelzen bringen. Sobald der Zucker karamellisiert ist, die Paprika hinzugeben und kurz anschwitzen. Mit dem Essig ablöschen und alle anderen Zutaten hinzugeben. Auf kleiner Flamme köcheln lassen, bis eine homogene Masse entstanden ist. Abkühlen lassen.

❷ Nun den Reis entweder in einem Reiskocher oder im Topf nach Packungsangabe garen. Den Safran nicht vergessen! Den Feta in mundgerechte Stücke schneiden, das Ei auf einem Teller zusammen mit etwas Salz und Pfeffer und einem Spritzer Tabasco vermengen.

❸ Zwei weitere Teller mit Mehl und Paniermehl (hier den Koriander hinzufügen) bestücken und nun den Feta zuerst im Mehl wälzen, danach im Ei und danach im Paniermehl. In einer tiefen Pfanne nun ca. 2 Fingerbreit Öl erhitzen und den Feta darin goldbraun ausbacken. Auf einem Küchentuch abtropfen lassen. Nun den Reis auf einen Teller geben, etwas Chutney hinzugeben und den Feta daraufsetzen. Einen leckeren Wintersalat dazu reichen.

WACHTELEIER IN

Quinoakruste mit Rote-Zwiebel-Chutney

Wachteleier verarbeite ich noch nicht lange in meiner Küche, aber für dieses Gericht sind sie hervorragend geeignet, da sie um einiges kleiner sind als Hühnereier. Die Zwiebeln im Chutney werden butterweich und bilden eine hervorragende Ergänzung zu dem Ei im knusprigen Quinoamantel.

FÜR 4–6 PERSONEN

ZUTATEN

12 Wachteleier
150 g Quinoa
1 Knoblauchzehe
1 Zwiebel
2 Frühlingszwiebeln
2 EL gehackte Petersilie
3 Eier
100 g geriebener Parmesan
2 TL Salz
150 g Paniermehl
2 TL Chilisoße
1–2 l Sonnenblumenöl

Chutney
600 g rote Zwiebeln
1 Knoblauchzehe
1 EL Butter
2 EL brauner Zucker
50 ml Balsamico
3 EL Rotwein (optional)
Salz und Pfeffer nach Geschmack
1 Zweig Thymian

ZUBEREITUNG

❶ Zuerst das Chutney zubereiten. Dafür die Zwiebeln und den Knoblauch schälen, die Zwiebeln in feine Ringe schneiden und den Knoblauch fein hacken. Beides in etwas Butter scharf anbraten. Den braunen Zucker hinzugeben, karamellisieren lassen und mit Balsamico und evtl. Rotwein ablöschen. Alles gut durchmischen und mit Salz und Pfeffer würzen. Den Thymian hacken und dazugeben. Wenn die Zwiebeln weich sind, den Topf von der Herdplatte nehmen. Das Chutney vor dem Servieren nochmals kurz erhitzen.

❷ Nun die Wachteleier ca. 5 Minuten kochen und abkühlen lassen. Schälen und beiseite legen. Die Quinoa nach Packungsanweisung weich kochen und abschütten. Den Knoblauch und die Zwiebel schälen und zusammen mit der Frühlingszwiebel sehr fein hacken.

❸ Die übrigen Zutaten bis auf das Öl hinzugeben, vermengen und nun jeweils ca. 2 EL von der Quinoamasse in die Hand nehmen und die Wachteleier damit ummanteln. Sonnenblumenöl in einem hohen Topf erhitzen. Die Quinoabällchen darin frittieren und auf einem Stück Küchenpapier abtropfen lassen.

❹ Das Chutney erhitzen und auf einen Teller geben. Die Bällchen hübsch darauf drapieren und servieren. Dazu einen frischen Salat servieren.

FRITTIERTE

Risottobällchen auf cremigen Grünkohl

Hast du schon mal Risotto übrig gehabt und es als Bällchen frittiert? Nein? Dann hast du bisher was verpasst, lieber Leser. Denn diese käsige Köstlichkeit ist eines meiner absoluten Lieblingsgerichte. Und ich muss gestehen, ich koche immer absichtlich zu viel Risotto, damit ich dieses Gericht hier zubereiten kann ...

FÜR 4 PERSONEN
CA. 12 REISBÄLLCHEN

ZUTATEN

Reisbällchen
1 Zwiebel
1 Knoblauchzehe
2 EL getrocknete Steinpilze
Olivenöl
200 g Risottoreis
ca. 500 ml Gemüsebrühe
30 g Butter
50 g Parmesan
Salz und Pfeffer
ca. 100 g Bergkäse
ca. 100 g Weizenmehl Type 405
ca. 1–2 l Sonnenblumenöl
   zum Frittieren

Grünkohl
1 kg frischer Grünkohl
1 Zwiebel
300 ml Gemüsebrühe
300 g Frischkäse natur
200 g Schmand
200 g Parmesan
Salz und Pfeffer

ZUBEREITUNG

❶ Das Risotto am besten schon am Vortag zubereiten. Dann lässt es sich einfacher verarbeiten. Für das Risotto die Zwiebel und den Knoblauch schälen und klein schneiden. Ebenso wie die Steinpilze mit etwas Olivenöl anschwitzen. Den Reis hinzugeben und so lange anschwitzen, bis die Enden der Körner glasig werden. Nach und nach kellenweise die Gemüsebrühe hinzugeben und verkochen lassen. Sobald die Gemüsebrühe aufgebraucht und fast verkocht ist, die Butter und den Parmesan hinzufügen, alles gut unterrühren und mit Salz und Pfeffer abschmecken. Den Reis komplett auskühlen lassen.

❷ Am nächsten Tag zuerst den Grünkohl waschen und vom Strunk befreien. Grob hacken und mit einer geschälten und fein gehackten Zwiebel andünsten. Die Gemüsebrühe hinzugeben und den Grünkohl bei mittlerer Hitze köcheln lassen.

❸ In der Zwischenzeit aus dem Reis ca. handtellergroße Bällchen formen und ein Stück Käse in die Mitte drücken. Rund formen und in Mehl wälzen. Sonnenblumenöl in einem hohen Topf erhitzen und die Bällchen darin goldbraun frittieren. Den Grünkohl mit Frischkäse, Schmand und Parmesan vollenden. Abschmecken und zuerst den Grünkohl auf den Teller geben und jeweils 2 Bällchen daraufsetzen. Mit einem frischen Salat servieren.

SCHWARZ-WURZEL-
Charlotte mit Kürbis-Füllung

Ja, ich weiß: eine Charlotte ist eigentlich eine Süßspeise und hat mit dieser Beilage mit Ausnahme der Optik wenig zu tun. Aber gebt ihr trotzdem eine Chance; sie wird euch mit einer Geschmacksexplosion überraschen!

FÜR 6 PERSONEN ALS BEILAGE

ZUTATEN

ca. 700 g frische Schwarzwurzeln
Salzwasser oder Gemüsebrühe

Füllung
1 kleiner Hokkaido-Kürbis
1 Zwiebel
1 Knoblauchzehe
Olivenöl
Salz und Pfeffer
250 g bunte Quinoa
250 g grüne halbe Erbsen
200 g Feta
je 1 EL frische Petersilie und
  Rosmarin
1 TL Tabasco

Topping
100 g Kürbiskerne
100 g Mandelstifte
½ TL geräuchertes Paprikapulver
2 Spritzer Tabasco

ZUBEREITUNG

❶ Zuerst die Schwarzwurzeln mit behandschuhten Händen schälen, in ca. 5 cm lange Stücke schneiden und in reichlich Salzwasser/Gemüsebrühe ca. 15 Minuten gar kochen. Abgießen und beiseitestellen.

❷ Den Kürbis waschen, halbieren, entkernen und in ca. 2 × 2 cm große Stücke schneiden. Zwiebel und Knoblauch schälen, grob zerteilen und alles zusammen auf ein mit etwas Olivenöl bestrichenes Blech legen und durchmischen. Mit Salz und Pfeffer würzen und bei 180 °C ca. 20–25 Minuten backen. Der Kürbis sollte weich sein.

❸ Währenddessen die Quinoa und die Erbsen gar kochen. Feta zerkrümeln, Petersilie und Rosmarin hacken. Die Quinoa, die Erbsen und die restlichen Zutaten vermengen (bis auf die Schwarzwurzeln), kräftig abschmecken und in einer runden Form (z.B. einem Tortenring) auf einen Teller oder eine Servierplatte geben (ca. 20 cm Durchmesser). Die Schwarzwurzeln um die Füllung mit dem Ring herum aufstellen.

❹ Die Kürbiskerne zusammen mit den Mandeln in einer Pfanne ohne Öl anbraten und mit Paprikapulver und Tabasco würzen. Diese Masse nun auf die Füllung geben und für die Optik und zum Servieren eine Schleife darum binden. Warm servieren.

FOCACCIA

mit Kräuterseitlingen, Rosmarin & Honig

Ach ... Focaccia. Meine Liebe. Du bist die Beilage meiner Wahl, wenn es etwas Brotiges sein soll. Fluffiger Teig, knusprige Kruste und durch die Kombination von Honig und Meersalz mehr als nur lecker.

FÜR 1 FOCACCIA

ZUTATEN

½ Würfel Hefe
250 ml warmes Wasser
1 TL Zucker
450 g Weizenmehl Type 550
1 TL Salz
2 EL Olivenöl
1 Zweig Rosmarin
1–2 Kräuterseitlinge
ca. 1 TL grobes Meersalz
ca. 1 EL Waldhonig
Ziegenfrischkäse zum Servieren

ZUBEREITUNG

❶ Die Hefe und den Zucker in wenig warmem Wasser auflösen. Das Mehl und das Salz vermengen. Die Hefe mit dem restlichen Wasser zusammen zum Mehl geben und kräftig durchkneten, bis ein geschmeidiger Teig entsteht. Diesen Teig nun ca. 1 Stunde gehen lassen.

❷ Danach zu einem Fladen von ca. 2,5 cm Dicke ausrollen und auf ein mit Backpapier belegtes Backblech legen. Nochmals ½ Stunde gehen lassen. Danach mit den Fingern in unregelmäßigen Abständen Vertiefungen in den Teig drücken und diesen leicht mit Olivenöl bestreichen.

❸ Den Ofen auf 200 °C vorheizen. Die Kräuterseitlinge in nicht zu dünne Scheiben schneiden und die Focaccia damit belegen. Die Rosmarinnadeln vom Zweig ablösen, grob hacken und zusammen mit dem Meersalz auf die Focaccia streuen.

❹ Das Brot nun ca. 15 Minuten backen, bis es goldbraun ist. Die Focaccia noch heiß mit etwas kräftigem Waldhonig beträufeln. Auskühlen lassen und mit etwas Ziegenfrischkäse servieren.

TIPP *Schmeckt auch hervorragend mit einer Gewürzmischung namens Za'atar bestreut (2 EL getrockneter Thymian, 2 EL Sumach, 2 EL gerösteter Sesam, 1 Prise Kumin, 1 EL Salz).*

Einfaches irisches
SODABROT

Die irische Küche ist ja vor allem dafür bekannt, dass sie einfach und schmackhaft ist. Die Iren mussten einige Hungersnöte durchleben und haben Rezepte wie dieses hier entwickelt, um schnell und lecker zu essen, auch wenn nicht viel da ist. Wer also im Weihnachtsstress schnell noch ein Brot backen will, der sollte sich an dieses Brot ohne Hefe und ohne Gehzeiten halten. Ihr werdet nicht enttäuscht sein.

FÜR 1 BROT

ZUTATEN

450 g Weizenmehl Type 550
2 TL Salz
2 TL Backpulver
300 ml Buttermilch

ZUBEREITUNG

❶ Den Ofen auf 230 °C vorheizen. Alle trockenen Zutaten vermengen und dann nach und nach die Buttermilch hinzugeben und alles gut durchkneten. Den Teig rundschleifen und auf ein leicht bemehltes Backblech legen. Kreuzweise einritzen und in den Ofen schieben.
❷ Das Brot ca. 30–45 Minuten backen. Es ist dann fertig, wenn es hohl klingt, wenn man auf den Boden des Brotes klopft.

GEMÜSE! –Beilagen

Kartoffelpüree ist eine der klassischen Beilagen für z.B. meinen Linsenbraten und immer sehr beliebt. Gerade diese Varianten mit ordentlichem „Bums" dahinter haben es meiner ganzen Familie angetan und werden immer sehr gerne serviert. Die grünen Bohnen bringen noch zusätzlich Geschmack auf den Tisch – denn mit einem Honig-Senf-Dressing und knusprigen Mandeln geben sie den Kick, den der Weihnachtstisch noch braucht.

JEWEILS FÜR 4 PERSONEN ALS BEILAGE

Kartoffelpüree mit Knoblauch

ZUTATEN

1 kg Kartoffeln
Salz
70 g Butter + etwas zum Anbraten
2 Knoblauchzehen
ca. 150–200 ml Milch
frisch geriebener Muskat nach Bedarf

ZUBEREITUNG

❶ Die Kartoffeln schälen und in reichlich Salzwasser gar kochen. Währenddessen den Knoblauch schälen, fein hacken und mit etwas Butter anbraten. Die Kartoffeln abgießen und durch eine Kartoffelpresse geben.

❷ Butter, Milch, Salz und Muskat hinzugeben und gut durchrühren. Mit der Milch die Konsistenz bestimmen, bis das Püree sehr cremig ist. Den gebratenen Knoblauch unterheben (ruhig mit der Butter). Heiß servieren.

TIPP *Den Knoblauch durch angebratene Zwiebeln – gehackt oder in Ringen – ersetzen. Mit geräuchertem Paprikapulver und Pfeffer abschmecken.*

Grüne Bohnen mit Dijon-Senf-Dressing und Mandeln

ZUTATEN

500 g grüne Bohnen
ca. 30 g Mandelblättchen

Dressing
2 TL Dijon-Senf
1 TL süßer Senf
1 TL Honig oder Ahornsirup
Salz und Pfeffer

ZUBEREITUNG

❶ Die Bohnen waschen und die Enden abschneiden. In kochendem Wasser ca. 5 Minuten blanchieren und danach aus dem Wasser nehmen. Die Mandeln während der Garzeit der Bohnen in einer Pfanne ohne Öl anrösten.

❷ Für das Dressing alle Zutaten mit 1 EL Wasser vermengen. Die Bohnen mit Dressing übergießen und danach die Mandeln darübergeben. Heiß servieren.

CHOCOLATE LAVA CAKE

Mein Slowcooker nimmt mir viel Arbeit ab, und gerade bei diesem Dessert hier ist es ein Leichtes, passend zum Weihnachtsessen perfekten Kuchen fertig zu haben. Schnell vorbereitet, 2 Stunden vor sich hin gegart und genau dann fertig, wenn alle sich zurücklehnen und auf ein leckeres Dessert warten. Nicht nur das Timing ist himmlisch!

FÜR 6 PERSONEN

ZUTATEN

50 g Backkakao
100 g brauner Zucker
250 ml heißes Wasser
125 g weiche Butter
150 g weißer Zucker
225 g Weizenmehl Type 405
1 TL Backpulver
½ TL Natron
1 TL Vanillepulver
2 Eier

Außerdem
1 Pk. Schokoladenpudding
500 ml Milch
2 EL Zucker

Zum Servieren
1–2 Kugeln Vanilleeis pro Portion

ZUBEREITUNG

❶ Den Kakao und den braunen Zucker mit dem heißen Wasser vermengen und darin auflösen. Beiseite stellen und etwas abkühlen lassen. Die Butter und den Zucker schaumig aufschlagen, bis die Masse die Farbe ändert und heller wird.

❷ Die trockenen Zutaten miteinander vermengen und durchsieben. Nun ein Ei nach dem anderen in die Buttermischung geben und nach jedem Ei kräftig rühren. Das Mehlgemisch und die Wasser-Kakao-Mischung hinzugeben und unterrühren. Den Teig in die gebutterte Form des Slowcookers geben.

❸ Den Pudding nach Packungsanleitung mit der Milch und dem Zucker aufkochen und ebenfalls in den Slowcooker schütten; dabei gleichmäßig verteilen. Stufe „High" einstellen und 2 Stunden backen lassen. Ab und an mal das Kondenswasser vom Deckel wischen. Nach 2 Stunden sollte der Kuchen durchgebacken sein. Dann jeweils ca. 4 EL Kuchen mit 1–2 Kugeln Vanilleeis servieren.

TIPP *Das Rezept funktioniert auch im Ofen. Dafür die Masse in eine große Auflaufform mit Deckel geben und bei 160 °C ca. 30 Minuten backen.*

BRATAPFEL
mit Cranberry- oder Mandarinensoße

Bratäpfel sind DER Weihnachtsklassiker, oder? Ich gebe dem Klassischen einen kleinen Dreh, indem ich leckere Fruchtsoßen dazu serviere.

FÜR 4 PERSONEN

ZUTATEN

4 Äpfel, z.B. Boskoop
8 Dominosteine
2 EL Butter
2 EL Mandelsplitter oder -blättchen
1 TL Zimt
4 TL Rum (optional)

Cranberrysoße
200 g Cranberrys
5 EL Zucker

Mandarinensoße
Saft und Schale von ½ Bio-Zitrone
Saft von 6 Mandarinen
3 EL Zucker
1 TL Johannisbrotkernmehl

ZUBEREITUNG

❶ Zuerst die Äpfel gründlich unter heißem Wasser abwaschen und trockenreiben. Dann das Kerngehäuse ausstanzen und die Äpfel in eine Auflaufform geben. Jeweils 2 Dominosteine in den ausgehöhlten Apfel stopfen (bis zum Boden). Die Butter, die Mandelsplitter und den Zimt vermengen und in die Äpfel füllen. Wer will, gibt nun noch 1 TL Rum pro Apfel darüber. So vorbereitet können die Äpfel abgedeckt in den Kühlschrank gestellt werden oder gleich bei 180 °C ca. 20–30 Minuten gebacken werden.

❷ Die Soßen kann man auch schon vorbereiten und am nächsten Tag nur noch etwas erwärmen. Für die Cranberrysoße die Zutaten in einen Topf geben und ca. 10 Minuten köcheln lassen. Gut durchpürieren und in einem verschließbaren Gefäß aufbewahren.

❸ Für die Mandarinensoße die Schale der Zitrone mit einer feinen Reibe abreiben und zusammen mit dem Saft aller Zitrusfrüchte aufkochen. Den Zucker und das Johannisbrotkernmehl hinzugeben und ca. 2 Minuten kochen. Ebenfalls abkühlen lassen und in einem verschließbaren Gefäß aufbewahren.

❹ Die Bratäpfel heiß mit jeweils einem Klecks Soße servieren.

FRUCHT-
knödel mit karamellisierten Nüssen

Diese Knödel sind der Hammer. Wirklich. Und keine Angst vor dem Brandteig – wir schaffen das zusammen im Handumdrehen.

FÜR 6 PERSONEN

ZUTATEN

500 ml Milch
1 Prise Salz
abgeriebene Schale von
  ½ Bio-Zitrone
60 g Butter
300 g Weizenmehl Type 405
2 Eier

Füllung
ca. 10 Zwetschgen, Pflaumen
  oder Aprikosen
2 EL Zucker
1 TL Zimt

Zum Wälzen
2 EL Zucker
1 TL Vanillepulver
100 g Paniermehl

Nüsse
100 g Zucker
100 g gemischte Nüsse nach Wahl
  (z.B. Paranüsse, Walnüsse,
  Haselnüsse und Mandeln)

Außerdem
Cranberry- und Mandarinensoße
  von Seite 82 (optional)

ZUBEREITUNG

❶ Zuerst die Nüsse zubereiten. Dafür den Zucker in eine Pfanne geben und karamellisieren lassen. Die Nüsse hinzugeben, sehr gut durchmengen und zum Auskühlen auf ein mit Backpapier ausgelegtes Backblech geben. Wenn die Masse kalt und erhärtet ist, mit einem großen Messer klein hacken.

❷ Für die Knödel dann die Milch mit dem Salz, der Zitronenschale und der Butter in einem Topf zum Kochen bringen. Das Mehl durchsieben und zur Milch geben. Unter ständigem Rühren bei mittlerer Hitze zu einem festen Teig kochen lassen, der sich vom Topfrand löst und einen Kloß bildet (Brandteig).

❸ Den Teig in eine Schüssel geben und etwas abkühlen lassen. Die Eier dann einzeln nacheinander einrühren. Den Teig auf einer bemehlten Arbeitsfläche ausrollen und in ca. 5 cm große Quadrate schneiden.

❹ Die Steinfrüchte gründlich waschen, halbieren und entkernen. Die Hälften nun in Zimt & Zucker wälzen und auf die Quadrate legen. Alles jeweils zu kleinen Knödeln formen. Bis hierhin kann man die Knödel vorbereiten und zur Not ein paar Stunden im Kühlschrank lagern.

❺ Leicht gesalzenes Wasser in einem großen Topf zum Kochen bringen und danach herunterschalten. (Das Wasser sollte sieden, nicht mehr kochen.) Die Knödel ins Wasser setzen und ca. 10 Minuten sieden, bis sie an der Oberfläche schwimmen. Mit einem Schaumlöffel herausnehmen und in dem mit Zucker und Vanille vermischten Paniermehl wälzen. Sofort mit den Nüssen zusammen servieren. Wenn gewünscht, die Soßen von Seite 82 dazu servieren.

ORANGEN-TIRAMISU

Ich muss ja gestehen, dass ich normales Tiramisu absolut nicht mag. Daher habe ich mir irgendwann mal diese Variante überlegt. Mit Früchten, die Saison haben. Ohne Alkohol und rohes Ei, damit jeder es an Weihnachten essen kann – egal ob Kind oder Erwachsener. Fruchtig, damit kein Kaffee den Geschmack des Essens überlagert. Alles in allem einfach nur lecker.

FÜR 6 PERSONEN

ZUTATEN

6 Bio-Orangen
ca. 6 EL Zucker
200 g Sahne
250 g Mascarpone
½ TL Vanillepulver
2 EL Puderzucker
1 Pk. Löffelbiskuits
Orangenzesten zum Dekorieren

ZUBEREITUNG

❶ Zuerst die Orangen filetieren. Den Rest der Orangen ausdrücken, damit kein bisschen Saft verschwendet wird. Den Zucker in eine Pfanne geben und auf mittlerer Stufe erhitzen, bis er anfängt zu karamellisieren. Nicht darin rumrühren, sondern den Zucker einfach in Ruhe lassen. Danach mit VORSICHT den frischen Orangensaft in die Zuckermasse geben und etwas köcheln lassen, bis sich der Zucker komplett im Saft aufgelöst hat. Nun noch die Orangenfilets hinzugeben und vom Herd nehmen.

❷ In der Zwischenzeit die Sahne steif schlagen, den Mascarpone, die Vanille und den gesiebten Puderzucker dazugeben und gut durchmischen. Die Creme in einen Spritzbeutel füllen und davon einen Klecks in ein passendes Dessertglas geben. Die Löffelbiskuits halbieren und daraufsetzen.

❸ Jetzt ca. 1 EL der Orangensoße und ein paar der Filets auf die Löffelbiskuits geben.

❹ Wieder etwas Creme daraufspritzen, ein Löffelbiskuit halbieren, etwas Orangensoße darauf verteilen und dann noch als Abschluss einen Klecks Creme darauf verteilen. Mit einer Scheibe Löffelbiskuit und Orangenzesten verzieren und über Nacht oder ein paar Stunden im Kühlschrank durchziehen lassen.

CHURROS
con Chocolate

Churros kennen viele vermutlich aus dem Spanien-Urlaub, und ich denke, nicht nur ich bin ihnen auf den ersten Biss verfallen. Der Teig lässt sich super vorbereiten und die Zeit, die man braucht, um sie herrlich knusprig auszubacken, ist nicht besonders lang. Also vielleicht gibt es bei euch ja auch demnächst Churros als Nachtisch zum Weihnachtsfest? Besonders Kinder werden sich darauf stürzen.

FÜR 4–6 PERSONEN

ZUTATEN

70 g Butter
½ TL Salz
200 g Weizenmehl Type 405
4 Eier
ca. 2 l Sonnenblumenöl
Zucker, um die Churros darin
   zu wälzen

Soße
100 g Zartbitterschokolade
200 ml Sahne

ZUBEREITUNG

❶ Die Butter, 250 ml Wasser und das Salz in einem Topf aufkochen. Das Mehl hinzugeben und kräftig verrühren. Bei mittlerer Hitze weiterrühren, bis sich der Teig vom Topfrand löst und glatt ist. Den Teig in eine Rührschüssel geben und die Eier nach und nach unterrühren.

❷ Das Öl erhitzen und den Teig in einen Spritzbeutel mit Sternentülle füllen. Ca. 10–15 cm lange Teigstränge in das Öl drücken und goldgelb ausbacken. Die Churros auf einem Küchenpapier abtropfen lassen und – wenn gewollt – in Zucker wälzen.

❸ Die Schokolade in der Zwischenzeit über einem Wasserbad schmelzen, mit der Sahne vermengen und als Soße heiß servieren.

ENGELS-SPEISE

mit Apfel-Mandel-Honig-Kompott

FÜR 1 KUCHEN

ZUTATEN

12 Eiweiß (Größe M)
170 g Puderzucker
160 g Weizenmehl Type 405
1 ½ TL Weinsteinbackpulver
210 g Zucker
1 TL Vanillepulver
1 Prise Salz

Kompott

3 Äpfel, z.B. Granny Smith
1 Spritzer Zitronensaft
2 EL Honig
3 EL brauner Zucker
ca. 100 g ganze Mandeln
1 TL Vanillepulver
2 TL Speisestärke

Außerdem

1 spezielle Angelfood-Cake-Form
   aus Aluminium
etwas Schlagsahne (optional)

ZUBEREITUNG

❶ Die Eier ca. 1 Stunde vor dem Backen aus dem Kühlschrank holen, damit sie Raumtemperatur annehmen. Nun den Puderzucker und das Mehl vermengen und dreimal durchsieben. Danach die Eier trennen. Die Eiweiße mit dem Weinsteinbackpulver in eine Schüssel geben und alles auf kleiner Stufe (Stufe 2) „durchlüften". Danach auf etwas größerer Stufe (Stufe 4) leicht schaumig rühren und esslöffelweise den Zucker, die Vanille und 1 Prise Salz hinzugeben. Nun auf Stufe 5 weiterschlagen, bis die Masse anfängt zu glänzen und steife Spitzen zu bilden. Sobald sie stehen bleiben, aufhören!

❷ Nun das Mehl-Puderzucker-Gemisch in 4 Portionen unter den Eischnee heben, d.h. vorsichtig mit einem Silikonspatel von außen nach innen unterheben. Dabei darauf achten, dass so viel Luft wie möglich in der Masse bleibt. Anschließend die Masse gleichmäßig in die Angel-food-Cake-Form geben (sie ist nicht antihaftbeschichtet, damit der Teig darin Halt findet und nicht zusammenfällt). Mit einem Messer durch die Masse fahren, um eventuelle Luftkammern aufzubrechen. Nun glatt-streichen und bei 180 °C ca. 35 Minuten auf der untersten Schiene backen.

❸ Der Kuchen ist fertig, wenn er auf leichten Druck mit dem Finger wieder langsam „zurückspringt". Nun aus dem Ofen holen und sofort umdrehen und auf dem Kopf abkühlen lassen. Hat die Form keine kleinen Füße, wird sie auf eine volle Weinflasche gesteckt. Danach mit einem scharfen Messer von den Seiten lösen, den Innenteil der Form herausheben und unten einmal entlangschneiden. Nun den Kuchen vorsichtig stürzen und auf eine Servierplatte geben. Mit einem scharfen Wellenschnittmesser schneiden!

❹ Für das Kompott die Äpfel schälen, entkernen, klein schneiden und mit einem Spritzer Zitronensaft vermengen. Den Honig zusammen mit dem Zucker in einem Topf erwärmen, bis beides zu karamellisieren anfängt. Die Mandeln und die Äpfel hinzugeben und kräftig durchrühren. Die Vanille und die Speisestärke hinzugeben und die Masse ca. 5 Minuten leicht vor sich hin köcheln lassen. Vom Herd nehmen und zusammen mit einem Klecks Sahne zum Kuchen servieren.

TWISTED
Bread mit zweierlei Butter

Dieser Hefezopf ist der luftigste, den ihr jemals essen werdet – versprochen.

FÜR 1 ZOPF

ZUTATEN

95 ml Milch
40 g Butter
1 Prise Vanillepulver
5 EL Zucker
½ Würfel Hefe
400 g Weizenmehl Type 405
1 Ei

Füllung
1 Glas Preiselbeeren oder
  Marmelade nach Wahl

ZUBEREITUNG

❶ Zuerst die Milch, 65 ml Wasser, die Butter, die Vanille und den Zucker in einen kleinen Topf geben und so weit erwärmen, dass die Butter schmilzt. Die Mischung wieder lauwarm abkühlen lassen und die Hefe hineinbröseln. Das Mehl und das Ei in eine Schüssel geben und die lauwarme Milch-Hefemischung hinzufügen. Alles gut (ca. 3 Minuten) mit Knethaken durchkneten und diesen klebrigen und feuchten Teig dann mit einem feuchten Tuch abgedeckt ca. 1 Stunde gehen lassen.

❷ Den Teig mit einem Teigschaber auf eine bemehlte Arbeitsplatte geben und obendrauf ebenfalls gut bemehlen. Ein paar Mal durchkneten und dann auf einer bemehlten Arbeitsfläche ca. ½ cm dick ausrollen und mit den Preiselbeeren bestreichen. Nun fest, aber vorsichtig einrollen und diese Rolle der Länge nach einschneiden, sodass man das gefächerte Innere sehen kann und zwei Hälften entstehen. Die beiden Hälften dekorativ zopfmäßig umeinander schlingen und abgedeckt nochmals ca. 30 Minuten an einem warmen Ort (oder bei einer kühlen Küche bei 35 °C im Ofen) gehen lassen. In der Zwischenzeit den Ofen auf 180 °C vorheizen und den Zopf dann ca. 30 Minuten backen. Garprobe machen und, wenn er fertig ist, komplett auskühlen lassen.

Honig-Butter

125 g Butter
2 EL fester Honig
½ TL Zimt
1 Prise Salz

ZUBEREITUNG

Die weiche Butter mit den restlichen Zutaten vermengen und kühlstellen. 1 Stunde vor dem Servieren bei Raumtemperatur weich werden lassen.

Orangenbutter

1 Bio-Orange
125 g Butter
1 TL Puderzucker

ZUBEREITUNG

Die Orange heiß abwaschen und die Schale mit einer feinen Reibe abreiben. Die weiche Butter mit der Schale und dem Puderzucker vermengen und kühl stellen. 1 Stunde vor dem Servieren bei Raumtemperatur weich werden lassen.

Für den WEIH- NACHTS morgen

Diese beiden etwas ungewöhnlichen Brotaufstriche sind leicht gemacht und unglaublich lecker. Mal etwas anderes zum Frühstück als immer nur Marmelade.

Orange Curd

FÜR 1 GLAS À 300 ML

ZUTATEN

4 Eigelb
1 (Blut-)Orange
1 Zitrone
200 g Puderzucker
140 g Butter

ZUBEREITUNG

Die Eigelbe mit allen anderen Zutaten in eine Schüssel geben. Diese Schüssel auf einen Topf mit siedendem Wasser stellen und nun alles zusammen schmelzen lassen. Das Wasser sollte sieden – aber nicht zu heiß werden lassen, sonst gerinnt das Ei! Die Masse jetzt ca. 15 Minuten mit einem Schneebesen durchrühren, bis sie eindickt (ja, das dauert wirklich so lange). Ist die Konsistenz cremig, die Masse durch ein Haarsieb geben und in ein steriles Glas füllen. Abkühlen lassen und genießen. Im Kühlschrank aufbewahren und rasch verbrauchen.

Apple Butter

FÜR 3 GLÄSER À 430 ML

ZUTATEN

1,5 kg gemischte Äpfel
100 g Zucker
1 TL Zimt
2 EL Zitronensaft
Schalenabrieb von ½ Bio-Orange

ZUBEREITUNG

Zuerst die Äpfel waschen, schälen und entkernen. In grobe Würfel schneiden und in den Slowcooker geben. Zucker, Zimt, Zitronensaft und Orangenschale mit hineingeben und alles gut durchmischen. Nun den Slowcooker auf Stufe 1 (Low) stellen und die Apple Butter 8 Stunden (z.B. über Nacht) garen lassen. Nach 8 Stunden fein pürieren und nochmals 1–2 Stunden auf Stufe 2 (High) ohne Deckel garen, damit die Apple Butter noch ein bisschen eindickt (ungeduldige Menschen geben einfach 1–2 TL Johannisbrotkernmehl hinzu, das beschleunigt den Prozess). Die Masse kann nun in Gläser gefüllt und bei 180 °C Unterhitze mit ein wenig Wasser in der Fettpfanne eingekocht werden (30 Minuten). Eingekocht hält die Apple Butter Monate, im Kühlschrank ca. 2 Wochen.

TIPP *Wer keinen Slowcooker hat, gibt die geschälten Äpfel mit ein wenig Wasser in einen Topf und gart sie 40 Minuten auf kleiner Flamme. Immer wieder durchrühren. Die Masse pürieren und zusammen mit den restlichen Zutaten in eine große Auflaufform geben. Alles vermengen und bei 180 °C ca. 2 ½ Stunden backen. Hin und wieder durchrühren.*

Süße SÜNDEN

Wollt ihr ein „Ooohhh" oder ein „Mhhhhhhhhhhhmmm" an eurem Frühstückstisch hören? Kein Problem – diese beiden Rezepte sind ein Garant dafür, denn beides schmeckt einfach nur himmlisch.

Gewaffelter French-Toast

FÜR 4 PERSONEN

ZUTATEN

4 Eier
100 ml Milch
2 TL Zimt
2 EL Puderzucker
8 Scheiben extra dicker Toast
  (kann auch altbacken sein)

Außerdem
Ahornsirup, Apple Butter o. Ä.
frisches Obst

ZUBEREITUNG

❶ Zuerst Eier, Milch, Zimt und Puderzucker vermengen und in eine flache Auflaufform geben. Nacheinander die Toasts dort hineinlegen, wenden und die Eimischung einziehen lassen (aber nur so lange, dass die Toasts nicht matschig werden).

❷ Die eingeweichten Toasts nun in ein heißes Waffeleisen geben (am besten eines für Belgische Waffeln) und knusprig toasten. Mit Ahornsirup und frischem Obst servieren.

Pancakes mit Nutella-Füllung

FÜR 7 PANCAKES

ZUTATEN

7 EL Nussnugatcreme, z.B. Nutella
170 g Weizenmehl Type 405
3 TL Backpulver
1 Prise Salz
1 Ei
3 EL Zucker
2 EL Sonnenblumenöl
160 ml Milch

ZUBEREITUNG

❶ Für die Pancakes muss am Vorabend die Nussnugatcreme esslöffelweise auf ein Stück Frischhaltefolie gegeben werden. Danach ein weiteres Stück Frischhaltefolie darüberlegen und die Häufchen plattdrücken. Nun für ein paar Stunden (mindestens 2–3) einfrieren. Am nächsten Morgen dann das Mehl mit dem Backpulver und dem Salz vermengen und durchsieben. Das Ei mit dem Zucker schaumig aufschlagen. Nun Öl und Milch hinzugeben und die Mehlmischung unterrühren.

❷ Jetzt 2 Pancakes in eine Crêpe-Pfanne geben und bei mittlerer bis geringer Hitze so lange backen, bis sich oben Bläschen bilden. Nun einen von den Nutella-Fladen auf einen Pancake legen und den anderen Pancake mit der ungebackenen Seite auf die Nutella-Seite legen und noch ein wenig weiterbacken, bis sie schön gebräunt sind. Noch warm servieren.

Weihnachts-
GRANOLA

Dieses Granola – zu Deutsch: gebackenes Müsli – ist absolut nicht gesund. Es sind Zucker und allerlei Dinge dran, die nichts für die schlanke Linie sind. Aber es schmeckt so gut, dass man das durchaus mal ignorieren kann, meint ihr nicht? Außerdem kann man selbst bestimmen, was hinein kommt, und alle angefangenen Packungen, die noch im Küchenschrank rumliegen, mal aufbrauchen. Ich mache es gerne in großen Mengen, denn es hält sich, luftdicht verpackt, über Monate frisch.

FÜR 1 BACKBLECH

ZUTATEN

500 g kernige Haferflocken
250 g Samen, Körner und Nüsse
  nach Geschmack (z.B. Sonnen-
  blumen- und Kürbiskerne,
  Chiasamen, Leinsamen, Haselnüsse, Mandeln etc.)
250 g Zucker
20 g Honig
1 TL Zimt
1 TL Vanillepulver
50 ml Öl (z.B. Raps- oder Kokosöl)

Außerdem
50 g gepuffter Amaranth
50 g getrocknete Cranberrys
  oder Rosinen
50 g getrockneter Apfel
100 g Schokoladentropfen (optional)

ZUBEREITUNG

❶ Haferflocken, Samen und Körner in einer Schüssel vermengen. 200 ml Wasser, Zucker, Honig, Zimt und Vanille zusammen in einen Topf geben und aufkochen lassen. Das Öl hinzufügen und alles zusammen über die Hafer-Mischung geben und mit einem Löffel durchmengen. Alles auf einem mit Backpapier ausgelegten Backblech ausbreiten und mit der Rückseite eines eingeölten großen Löffels fest andrücken.

❷ Nun bei 160 °C für ca. 40–50 Minuten in den Ofen geben (Ober- und Unterhitze). Danach herausnehmen und komplett auskühlen lassen. Wenn das Granola kalt ist, kann man es hervorragend in mundgerechte Stücke brechen und die restlichen Zutaten hinzufügen und vermengen. In ein luftdichtes Gefäß geben und über frischem Obst und mit etwas Milch genießen.

DAS EINE

Brötchenrezept

Frisch gebackene Brötchen sind ein Muss für jedes Feiertagsfrühstück. Aber dafür extra durch den Schnee waten, um dann den armen Bäckereifrauen, die am Feiertag arbeiten müssen, die überteuerten Luftbrötchen abzukaufen? Nein – macht sie lieber selbst. Sie schmecken hundertmal besser und ihr müsst euch dafür nicht mal anziehen!

FÜR CA. 10 BRÖTCHEN

ZUTATEN

60 g Butter
150 ml Milch
1 TL Zucker
½ Würfel Hefe
500 g Weizenmehl Type 550
1 TL Salz

ZUBEREITUNG

❶ Die Butter in einem Topf leicht erwärmen und schmelzen lassen. Die Milch, 135 ml Wasser und den Zucker hinzufügen und alles lauwarm werden lassen. Die Hefe hinzugeben und auflösen. Mehl und Salz vermengen, die flüssigen Zutaten hinzugeben und alles miteinander verkneten. Den Teig nun 1 Stunde gehen lassen.

❷ Danach Teiglinge zu je ca. 90 g abteilen und in die gewünschte Form bringen. Nun die Teiglinge auf z.B. ein Backblech setzen, mit einem feuchten Tuch abdecken und nochmals ca. 20–30 Minuten gehen lassen. Die Teiglinge danach mit etwas Wasser besprühen und, wenn gewünscht, nun z.B. in Mohn, Sesam oder sonstigen Saaten oder Käse wälzen. Aber vorsichtig, denn wir wollen so viel Luft wie möglich im Teig belassen.

❸ Den Ofen auf 220 °C vorheizen. Ein kleines Schälchen Wasser mit in den Ofen stellen. Die Brötchen im Ofen nochmals mit etwas Wasser besprühen und einschneiden. Nun ca. 20–25 Minuten backen.

❹ Man kann die Brötchen auch über Nacht im Kühlschrank gehen lassen. Dafür zuerst fertig gehen lassen, gut abdecken (ich schiebe mein Blech immer in einen unbenutzten Müllbeutel) und am nächsten Morgen ca. 1 Stunde Temperatur annehmen lassen und dann backen.

VARIANTEN

In Mohn, Sesam, Leinsamen, Chiasamen, Saatenmischungen etc. wälzen; in einer Mischung aus Parmesan, Sonnenblumen- und Kürbiskernen wälzen; Feta, Gouda oder Gruyère einkneten oder daraufstreuen; Paprikastückchen, getrocknete Tomaten oder Röstzwiebeln einkneten …

NO-KNEAD-BREAD *(Topfbrot)*

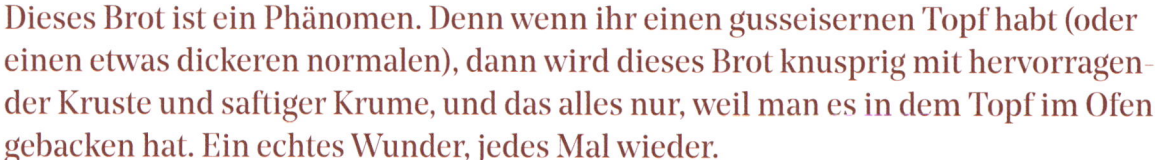

Dieses Brot ist ein Phänomen. Denn wenn ihr einen gusseisernen Topf habt (oder einen etwas dickeren normalen), dann wird dieses Brot knusprig mit hervorragender Kruste und saftiger Krume, und das alles nur, weil man es in dem Topf im Ofen gebacken hat. Ein echtes Wunder, jedes Mal wieder.

FÜR 1 BROT

ZUTATEN

450 g Weizenmehl Type 550
2 TL Salz
ca. 20 g Frischhefe

Varianten
Jalapeño & Cheddar
Oliven & Feta
Zimt & Rosinen

ZUBEREITUNG

❶ Alle Zutaten mit 350 ml Wasser in eine große Schüssel geben und gut vermengen. Ich nehme dazu einen Silikonschaber, damit ich auch die Seiten gut unterheben kann. Mischt die Zutaten wirklich gut durch, denn so verhindert ihr Mehleinschlüsse im fertigen Brot. Danach wird der Teig abgedeckt und über Nacht (ca. 12 Stunden) in den Kühlschrank gestellt.

❷ Am nächsten Morgen den sehr weichen Teig auf die sehr gut bemehlte Arbeitsfläche geben. Den Teigfladen dann auch von oben leicht bemehlen und ein sehr gut bemehltes Gärkörbchen bereithalten (oder eine Schüssel mit einem sehr gut bemehlten Geschirrhandtuch auslegen). Nun alle vier Ecken des Fladens zur Mitte führen und den Laib mit dem Schuss nach unten ins Körbchen legen. Abgedeckt ca. 2 Stunden bei Zimmertemperatur gehen lassen.

❸ In der letzten ½ Stunde dieser Gehzeit einen ofenfesten Topf samt Deckel ohne Loch in den Ofen stellen und auf 250 °C aufheizen.

❹ Jetzt ist Vorsicht angesagt! Ihr müsst den super heißen Topf mit Topfhandschuhen aus dem Ofen holen. (Vergesst nicht: Der Deckel ist auch superheiß!) Den heißen Topf auf ein Holzbrett stellen und den heißen Deckel danebenlegen. Den Teig mit dem Gärkörbchen nehmen und eventuell die Ränder ein wenig lockern. Das Gärkörbchen nun beherzt über den Topf halten, umdrehen und so den Teigling in den Topf plumpsen lassen. Mit den Topflappen den Deckel wieder draufsetzen, den Topf wieder in den Ofen stellen und 30 Minuten mit Deckel backen. Nach 30 Minuten den Deckel abnehmen und das Brot weitere 15 Minuten backen. Danach das Brot aus dem Topf nehmen und auf einem Rost auskühlen lassen. Die Kruste knistert.

POST
FOOD
COMA

Wir kennen alle diese Tage nach den Feiertagen, wo man eigentlich nichts mehr essen will. Man wurde von allen Verwandten abwechselnd genötigt, dies noch zu essen und das noch zu probieren, und eigentlich freut man sich nur noch auf ... einen Salat. Frisch. Knackig. OHNE Bratensoße und weich gekochtes Gemüse. Und um Himmels willen weder Plätzchen und Schokolade noch Kuchen für die nächsten 365 Tage. Danke.

Ja, so geht es mir auch immer nach Weihnachten. Vor allem Plätzchen kann ich in den Monaten danach nicht mehr sehen. Aber ich wäre keine gute Foodbloggerin, wenn ich euch nicht auch für diese Situation einige leckere Dinge vorbereitet hätte. Wintergemüse gibt es dann nämlich zuhauf, und heiße Suppen mit wenigen Zutaten und allerlei andere Leckereien, die einfach nur gut, frisch und lecker schmecken, kommen in diesem Kapitel bestimmt nicht zu kurz. Rein in die Gemüsewelt; und vielleicht schließt dann ja auch endlich der Knopf der Hose wieder ...

TOMATEN-EINTOPF
mit Okra und grünen Bohnen

Frische, saftige Tomaten mit viel Geschmack sind im Winter ja leider Mangelware. Aber es gibt ja immer noch die Tomaten in der Dose, die auf dem Höhepunkt ihrer Reifezeit eingekocht wurden und nun nur darauf warten, uns den lauen Winterabend zu versüßen ... (oder sagt man dann verherzhaften?) Nun ja, egal wie man's nennt – Hauptsache, es schmeckt.

FÜR 6 PERSONEN

ZUTATEN

500 g grüne Bohnen

100 g Okraschoten

3–4 Kartoffeln

1 Zwiebel

Olivenöl

1 große Dose Tomaten im
  eigenen Saft

500 ml passierte Tomaten

500 ml Gemüsebrühe

2 TL Koriandersamen

1 TL Kumin

1 EL geräuchertes Paprikapulver

1–2 TL Cayennepfeffer

Salz nach Geschmack

2–3 Spritzer Tabasco

Außerdem

Couscous, Bulgur oder
  z.B. Fladenbrot von Seite 129
pro Portion 1 EL Naturjoghurt
evtl. frischer Koriander

ZUBEREITUNG

❶ Zuerst die grünen Bohnen, die Okraschoten und die Kartoffeln gründlich waschen, putzen und ggf. klein schneiden. Die Zwiebel schälen und fein hacken und alles zusammen mit etwas Olivenöl kräftig anbraten. Die Tomaten aus der Dose, die passierten Tomaten und die Gemüsebrühe hinzugeben und die Suppe kräftig würzen. Mit Salz und Tabasco abschmecken.

❷ Den Eintopf nun ca. 15 Minuten köcheln, bis die Kartoffeln weich sind. Erneut abschmecken und zusammen mit z.B. Couscous servieren. Ich esse gern einen Klecks Joghurt in diesem Eintopf und ein wenig frischen Koriander dazu.

Steckrüben–
SUPPE 2.0

Steckrübensuppe ist ein vergessener Klassiker. Unsere Großeltern mussten sie in der Nachkriegszeit zu häufig essen und kochten sie für ihre Kindern – unsere Eltern – nicht mehr, da sie sie nicht mehr sehen konnten und die Steckrübe für sie mit schlechten Erinnerungen verbunden war. Gott sei Dank kochte meine Mutter sie in meiner Kindheit trotzdem, denn ich liebe Steckrüben sehr, und es wäre schade, wenn dieser Winterklassiker – ein bisschen aufgepeppt – keinen Einzug in dieses Buch gehalten hätte.

FÜR 6 PERSONEN

ZUTATEN

1 mittelgroße Steckrübe, ca. 1 kg
4 Möhren mit Grün, ca. 150 g
6 große Kartoffeln, ca. 900 g
2 große weiße Zwiebeln
2 EL Butterschmalz
1,5 l Gemüsebrühe
Salz und Pfeffer

Außerdem
3 EL Schmand
1 TL Kräuteressig
Tabasco
frisches Bauernbrot mit Butter

ZUBEREITUNG

❶ Zuerst die Steckrübe, die Möhren, die Kartoffeln und die Zwiebeln schälen und jeweils in ca. 2 × 2 cm große Würfel schneiden. Anschließend in einem großen Topf mit etwas Butterschmalz kräftig anbraten. Den Topf mit Gemüsebrühe auffüllen und etwas köcheln lassen, bis die Gemüsewürfel weich sind (ca. 20 Minuten).

❷ Den Topf vom Herd ziehen und die Suppe sehr gut durchpürieren. Eventuell noch mit etwas heißem Wasser die Konsistenz verändern. Kräftig mit Salz und Pfeffer abschmecken. Den Schmand mit dem Essig verrühren. Auf jede Portion etwas davon verteilen und mit ein paar Spritzern Tabasco toppen. Das Möhrengrün waschen, fein hacken und als Abschluss auf die Suppe streuen. Zusammen mit etwas frischem Brot und Butter servieren.

WIRSING–
Käse-Suppe

Wirsing ist auch wieder so ein angeblich „uncooles" Gemüse, hat aber seine Außenseiterrolle gar nicht verdient. Klar – Wirsing hört sich nicht so toll an wie Edamame oder Quinoa. Aber der Wirsing ist eines meiner Lieblingsgemüse und spätestens nach dem Genuss dieser Suppe hier wird er auch eines von euren sein.

FÜR 4–6 PERSONEN

ZUTATEN

1 kleiner Kopf Wirsing (ca. 1–1,5 kg)
1 Zwiebel
1 Knoblauchzehe
Olivenöl
ca. 1–1,5 l Gemüsebrühe
200 g Schmelzkäse (Sahne
   oder Gouda)
1 sehr reifer Camembert
ca. 100 g Gorgonzola
Salz und Pfeffer
frisches Brot zum Servieren

ZUBEREITUNG

❶ Zuerst die Wirsingblätter vom Strunk befreien, in mundgerechte Stücke schneiden und gut waschen. Die Zwiebel und den Knoblauch schälen und fein hacken. Zuerst die Zwiebel und den Knoblauch in etwas Olivenöl anbraten, dann nach und nach den Wirsing dazugeben, bis er etwas eingefallen ist. Immer gut durchmischen.
❷ Nun die Brühe und die Käsesorten hinzugeben und alles leicht köcheln lassen, bis der Wirsing weich wird (ca. 30 Minuten). Mit Salz und Pfeffer nachwürzen und zu frischem Brot servieren.

HERZHAFTE
gedämpfte Hefebrötchen

FÜR 7 STÜCK

ZUTATEN

350 g Weizenmehl Type 550
½ TL Zucker
½ TL Salz
200 ml Milch
40 g Butter
½ Würfel Hefe

Füllung
200 g Champignons
1 Zwiebel
1 EL getrocknete Steinpilze
2 EL Frischkäse natur
1 EL frisch gehackter Schnittlauch
Steinpilzsalz
Pfeffer

Soße
50 ml Olivenöl
1 Knoblauchzehe
2 EL Schnittlauch
2 EL Dill
2 EL Petersilie
1 TL Salz

ZUBEREITUNG

❶ Zuerst den Teig zubereiten und dafür das Mehl mit dem Zucker und dem Salz vermengen und durchsieben. Dann die Milch, 3 EL Wasser und die Butter in einen kleinen Topf geben und erwärmen, bis die Butter geschmolzen ist. Die Masse dann auf Zimmertemperatur abkühlen lassen. Darin die Hefe auflösen und gut verrühren. Die Milchmischung zum Mehl geben und mit einem Knethaken in der Küchenmaschine mindestens 5 Minuten kneten. Der Teig wird sehr geschmeidig und klebt nicht mehr, wenn er fertig geknetet ist. Den Teigling nun zu einer Kugel formen und in einer großen Schüssel mit Frischhaltefolie abgedeckt ca. 1 Stunde gehen lassen.

❷ In der Zwischenzeit die Füllung zubereiten. Dafür werden die Champignons geputzt und zusammen mit der geschälten Zwiebel in kleine Stücke geschnitten. Je feiner, desto besser. Die Champignons und die Zwiebel nun zusammen mit den Steinpilzen in einer Pfanne mit wenig Öl scharf anbraten. Den Frischkäse und den Schnittlauch hinzugeben und mit Steinpilzsalz und Pfeffer kräftig abschmecken. Nach der Gehzeit den Teig in 7 Portionen zu ca. 90 Gramm aufteilen.

❸ Die Portionen jeweils auf ca. Handtellergröße drücken und ca. 1 EL Füllung in die Mitte legen. Nun die Seiten vorsichtig zusammendrücken und gut verschließen. Den Teigling auf die Arbeitsplatte legen, die Hand und die Finger wie einen kleinen Käfig drumherum legen und kreisförmig bewegen, sodass der Teig rundgewirkt wird. Das fertige Brötchen auf ein bemehltes Backblech legen und mit einem sauberen Küchentuch abdecken. Die Brötchen dann nochmals ca. 30 Minuten gehen lassen.

❹ Nun die Hefebrötchen auf einem Stück Backpapier (damit sie nicht festkleben) in einem Bambusdämpfer über kochendem Wasser ca. 10–15 Minuten dämpfen. Jeweils nur 1–2 Brötchen in den Dämpfer legen.

❺ Für die Soße das Olivenöl in eine Pfanne geben, den Knoblauch schälen, fein hacken und im Öl anbraten. Die Kräuter fein hacken und mit dem Salz zusammen zum Olivenöl geben.

❻ Zum Servieren die Brötchen vorsichtig aus dem Dämpfer heben, das Backpapier abziehen und mit etwas Soße übergossen servieren.

BESONDERE
Wintersalate

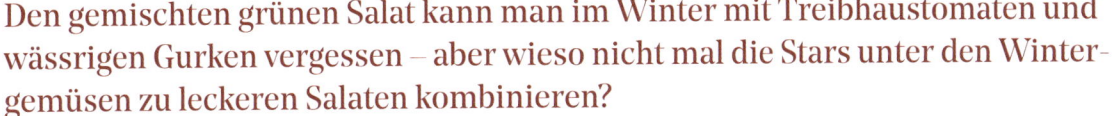

Den gemischten grünen Salat kann man im Winter mit Treibhaustomaten und wässrigen Gurken vergessen – aber wieso nicht mal die Stars unter den Wintergemüsen zu leckeren Salaten kombinieren?

Rote-Bete-Salat

FÜR 4–6 PERSONEN

ZUTATEN

6 kleine Rote-Bete-Knollen
200 g Rosenkohl
1 rote Zwiebel
2 EL Olivenöl
Salz und Pfeffer
ca. 50 g Parmesan
300 g gemischter Salat
100 g Gorgonzola
½ Granatapfel

Dressing
200 ml Olivenöl
3–4 EL Balsamicoessig
2 TL Feigensenf
Saft und Zesten von
  1 Bio-Orange
Salz und Pfeffer

ZUBEREITUNG

❶ Die Rote Bete mit Schale weich kochen, schälen und abkühlen lassen. Den Rosenkohl von den Außenblättern befreien, halbieren und auf ein Backblech legen. Die Zwiebel schälen, in Ringe schneiden und zum Rosenkohl legen. Mit Olivenöl beträufeln und mit Salz und Pfeffer würzen.

❷ Bei 180 °C ca. 20 Minuten backen. Nach der halben Garzeit den Parmesan darüberreiben. Den Salat zupfen und waschen und den Gorgonzola zerkrümeln. Den Granatapfel in einer Schüssel Wasser zerteilen und die Kerne herauslösen.

❸ Alle Zutaten für das Dressing in ein Schraubglas geben und kräftig schütteln. Die Bete in mundgerechte Stücke schneiden, alle Zutaten in eine große Schüssel geben und gut durchmengen. Mit Granatapfelkernen bestreuen und servieren.

Waldorfsalat mal anders

FÜR 4–6 PERSONEN

ZUTATEN

1 kleine Knolle Sellerie
400 g roher Grünkohl
2 große rote Äpfel
ca. 50 g getrocknete Cranberrys
ca. 50 g Walnüsse

Dressing
250 g Mayonnaise
2 TL Dijon-Senf
2 TL Apfelessig
Salz und Pfeffer

ZUBEREITUNG

❶ Zunächst den Sellerie gründlich waschen und kochen, bis er gar ist. Danach abkühlen lassen und in Julienne-Streifen schneiden. Das restliche Gemüse waschen und trocknen. Den Grünkohl grob hacken und durchkneten. Die Äpfel schälen und entkernen und ebenso wie die Cranberrys klein schneiden. Die Walnüsse in einer Pfanne ohne Fett kurz anrösten. Die Dressingzutaten mit 3 EL Wasser in ein Schraubglas geben und kräftig schütteln. Alles vermengen und servieren.

KUMPIR

FÜR 4 PERSONEN

ZUTATEN

4 große mehligkochende
  Kartoffeln
2 EL Butter
Salz und Pfeffer
100 g geriebener Emmentaler

Toppingvariante I
(dazu Coleslaw)
200 g Feldsalat
150 g Räuchertofu
3 EL Sojasoße
2 EL Sriracha-Soße zum
  Beträufeln

Coleslaw
200 g Weißkohl
100 g Möhren
Salz und Pfeffer
100 g Mayonnaise
3 EL Schmand
1 TL Senf
1 TL Apfelessig
1 Prise Zucker

Toppingvariante II
(dazu Zaziki)
2 große Tomaten
50 g Romana-Salat
ca. 50 g Pepperoni
100 g Feta
ca. 10 Oliven
1 kleine rote Zwiebel

Zaziki
50 g Gurke
Salz und Pfeffer
100 g Magerquark
200 g Quark (20 Prozent)
3 EL Crème fraîche
1 Knoblauchzehe
1 EL frischer Dill

ZUBEREITUNG

❶ Zuerst die Kartoffeln gründlich waschen, rundherum mit einer Gabel einstechen, in Alufolie wickeln und bei 200 °C im Ofen ca. 1 Stunde backen (kommt ganz auf die Größe eurer Kartoffeln an). Während dieser Zeit kann man schon mal das Topping vorbereiten.

❷ Für *Variante I* zuerst den Coleslaw zubereiten. Dafür Weißkohl und Möhren reiben und leicht einsalzen. Durchkneten, bis alles weicher geworden ist. Das Salz wieder abspülen. Alle restlichen Zutaten mit dem Weißkohl und den Möhren vermengen. Abschmecken und im Kühlschrank durchziehen lassen.

❸ Den Feldsalat waschen und zupfen. Den Räuchertofu klein schneiden und mit 3 EL Sojasoße kräftig anbraten.

❹ Für die *Variante II* zuerst das Zaziki herstellen. Die Gurke klein raspeln und leicht einsalzen. Die restlichen Zutaten vermengen und die Gurke ausdrücken und ebenfalls untermengen. Abschmecken und im Kühlschrank durchziehen lassen. Die Zutaten für das Topping waschen und klein schneiden.

❺ Sobald die Kartoffeln gar sind, aus dem Ofen nehmen, in der Mitte längs aufschneiden (aber nicht durchschneiden!) und einen Großteil des Innenlebens mit einem Löffel herausholen und in eine Schüssel geben. Dort nun die Butter, Salz und Pfeffer und den geriebenen Käse hinzugeben und alles mit einem Stampfer zu einem geschmeidigen Püree zerdrücken. Das Püree nun wieder auf die 4 Portionen aufteilen und in der Kartoffel glattstreichen. Nun die Zutaten für die jeweiligen Varianten verteilen und noch warm servieren.

WINTER-WRAPS

Wraps sind super, um all das Gemüse, welches noch im Kühlschrank schlummert, verarbeiten zu können. Diese Variante hier ist keine Resteverwertung, sondern einfach nur unglaublich lecker.

FÜR 5 WRAPS

ZUTATEN

1 Chicorée
1 große Süßkartoffel
1 weiße Zwiebel
5 EL geriebener Parmesan
2 EL Balsamicoessig
Salz und Pfeffer
50 g Linsen
1 Kopf Romanasalat
2 Tomaten

Außerdem
Whipped Feta von Seite 58
5 Mais- oder Weizentortillas
Sriracha-Soße

ZUBEREITUNG

❶ Zuerst den Chicorée waschen und in Streifen schneiden. Die Sußkartoffel schälen und in längliche Stücke schneiden. Die Zwiebel schälen und klein schneiden. Alles auf ein Backblech geben, mit dem Parmesan, dem Balsamico sowie Salz und Pfeffer vermengen und bei 200 °C ca. 20–30 Minuten backen. Ab und an wenden. Die Linsen in der Zwischenzeit weichkochen und beiseite stellen.
❷ Whipped Feta wie auf Seite 58 beschrieben herstellen. Den Romanasalat waschen und in mundgerechte Stücke schneiden. Die Tomaten entkernen und ebenfalls klein schneiden.
❸ Nun die Tortillas in einer Pfanne erwärmen. Auf ein großes Brettchen legen und zuerst mit dem Feta bestreichen. In die Mitte nun eine Spur aus Linsen legen, das Gemüse hinzufügen, Salat und Tomaten daraufgeben und etwas Whipped Feta und Sriracha-Soße daufträufeln. Nun zuerst unten umschlagen und dann beide Seiten zur Mitte ziehen. ❹ Die Wraps lassen sich leichter essen, wenn ein Stück Alufolie um den unteren Teil gewickelt wird.

SHAK-SHUKA

Shakshuka ist eine Spezialität der jüdischen Küche und schmeckt einfach nur super. Normalerweise koche ich es im Spätsommer ein, wenn Tomaten und Paprika im Überfluss da sind, aber auch im Winter ist es schnell gemacht und bringt ein Stück Sommer zurück auf den Teller.

FÜR 3–4 PERSONEN

ZUTATEN

500 g bunte Paprika
1 große Dose Tomaten
2 große rote Zwiebeln
2 Knoblauchzehen
3 EL Paprikamark/Ajvar
2 TL Salz
1 TL Kumin

Außerdem
2 Eier pro Portion
frisches Fladenbrot von Seite 129
  oder Paprikabaguette von Seite 126

ZUBEREITUNG

❶ Ich bereite mein Shakshuka normalerweise im Slowcooker zu, allerdings geht es auch im Topf. Also alle Zutaten gründlich waschen, die Paprika (eine davon aufheben!) entkernen und grob in Stücke schneiden.

❷ Bei den Tomaten den Strunk entfernen und die Tomaten ebenfalls grob in Stücke schneiden. Die Zwiebeln und den Knoblauch schälen und fein hacken. Alle Zutaten in den Slowcooker geben und 6–8 Stunden mit Stufe 2 (High) köcheln lassen. Solltet ihr keinen Slowcooker haben, macht ihr das in einem Topf. Dann bei niedriger Hitze ca. 1 Stunde köcheln und immer wieder umrühren. Bei diesem Gericht lohnt sich ein Slowcooker wirklich, denn da kann nichts anbrennen, und man muss keinen Gedanken mehr ans Umrühren verschwenden.

❸ Wenn euer Shakshuka weich genug ist, püriert ihr es mit einem Zauberstab (ich mag es sämiger und nicht so stückig, aber das ist euch überlassen) und schneidet die verbliebene Paprika in feine Stückchen. Diese bratet ihr scharf in der Pfanne an und gebt sie dann in das warme Shakshuka.

❹ Nun das Shakshuka in kleine, portionsgerechte Auflaufformen (oder eine große) füllen, die Eier jeweils in eine Kuhle geben und für ca. 5–7 Minuten im Ofen bei 200 °C backen. Das Eiweiß sollte gestockt sein, das Eigelb aber noch weich (wenn man das mag). Vorsichtig aus dem Ofen entnehmen und mit frisch gebackenem Fladenbrot genießen.

TIPP *Man isst dieses Gericht so, dass man die Soße mit dem Brot aufdippt. Das heißt, ihr müsst mehr Brot als üblich pro Person einrechnen.*

ZUCCHINI-
spaghetti mit veganer „Bolognese"

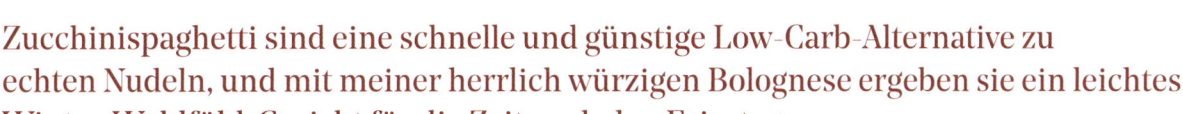

Zucchinispaghetti sind eine schnelle und günstige Low-Carb-Alternative zu echten Nudeln, und mit meiner herrlich würzigen Bolognese ergeben sie ein leichtes Winter-Wohlfühl-Gericht für die Zeit nach den Feiertagen.

FÜR 4–6 PERSONEN

ZUTATEN
ca. 2 mittelgroße Zucchini
  pro Person
evtl. Parmesan zum Bestreuen

Soße
2 Möhren
½ Sellerieherz
ca. 6 Champignons
1 große Zwiebel
2 Knoblauchzehen
etwas Olivenöl
1 Pk. fester Räuchertofu
1 EL geräuchertes Paprikapulver
1 große Dose Tomaten
2 Pk. passierte Tomaten oder
  Tomatensaft
2 EL Tomatenmark
2 EL Balsamicoessig oder starker
  Espresso
1 EL Basilikumpesto
Salz und Pfeffer

ZUBEREITUNG
❶ Für die „Bolognese" das Gemüse waschen, putzen und in kleine Würfel schneiden. Die Champignons putzen und klein schneiden. Die Zwiebel und den Knoblauch schälen, klein schneiden und in etwas Olivenöl anbraten. Den Tofu dazubröseln. Möhren-, Sellerie- und Champignonstücke mit in den Topf geben und anbraten, bis alles etwas Farbe bekommen hat. Jetzt mit dem geräucherten Paprikapulver würzen. Die Tomaten, den Tomatensaft und das Tomatenmark in den Topf geben und alles gut durchrühren. Restliche Zutaten hinzufügen, würzen, abschmecken und ca. 15 Minuten auf mittlerer Flamme köcheln lassen (kann bis zu 1 Stunde köcheln für einen intensiveren Geschmack).

❷ In der Zwischenzeit die Zucchini waschen und durch einen Spiralschneider drehen. Ich lege meine Zucchinispaghetti gern nochmal für ein paar Sekunden in kochendes Wasser, einfach damit sie ein bisschen warm werden. Ist die Soße fertig geköchelt und die Zucchini warm, beides zusammen anrichten und eventuell mit Parmesan bestreuen.

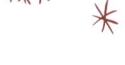

VEGGIE
Shepherd's Pie

Ein Shepherd's Pie ist ein traditionell irisches Gericht, welches bei mir auf den Tisch kommt, wenn es draußen klirrend kalt ist.

FÜR 8 PERSONEN

ZUTATEN

Füllung

250 g braune Linsen
1 Zwiebel
1 Knoblauchzehe
1 Möhre
1 Stange Lauch
Öl zum Braten
2 EL Tomatenmark
1 EL Weizenmehl Type 405
250 g Räuchertofu
ca. 150 g Erbsen (TK)
1 Pk. passierte Tomaten
1 TL geräuchertes Paprikapulver
½ TL Kumin
½ TL gemahlener Kümmel
Salz und Pfeffer nach Geschmack

Topping

500 g mehligkochende Kartoffeln
300 g Süßkartoffel (1 mittelgroße)
3 EL Butter
ca. 100 ml Milch
2 EL Crème fraîche
Salz und geriebene Muskatnuss
  nach Geschmack
ca. 100 g geriebener Cheddar

ZUBEREITUNG

❶ Zuerst die Linsen für ca. 12–24 Stunden in reichlich Wasser einlegen. So sind sie schneller gar und besser bekömmlich. Die Linsen danach ca. 15 Minuten gar kochen. Die Kartoffeln und die Süßkartoffel schälen, in Stücke schneiden und ebenfalls gar kochen.

❷ Während die Linsen und die Kartoffeln kochen, die Zwiebel und die Knoblauchzehe schälen, ebenso wie die Möhre und den Lauch klein schneiden und mit etwas Öl anbraten. Das Tomatenmark und das Mehl hinzugeben und weiterbraten. Den Tofu zerbröseln und zusammen mit den Erbsen mit in die Pfanne geben und kräftig anbraten. Die passierten Tomaten und 100–200 ml Wasser hinzufügen, kräftig würzen und abschmecken. Auf kleiner Flamme köcheln lassen, bis die übrigen Zutaten fertig gekocht sind.

❸ Nun die Linsen und die Kartoffeln abgießen, die Linsen zum Gemüse in die Pfanne geben und alles gut vermengen. Nochmals abschmecken. Die Kartoffeln und Süßkartoffeln im Topf lassen, mit den übrigen Zutaten für das Topping bis auf den Käse vermengen und klein stampfen, bis ein cremiger Brei entsteht. Den Käse unterheben. Den Kartoffelbrei abschmecken. Nun in eine passende Auflaufform zuerst die Füllung hineingeben und verteilen. Vorsichtig den Kartoffelbrei darübergeben und verstreichen. Bei 200 °C ca. 30 Minuten backen, bis es an den Seiten blubbert und der Kartoffelbrei obendrauf goldbraun ist.

DAS FAMOSE
Paprikabaguette

FÜR 3 BAGUETTES

ZUTATEN

Vorteig:
250 g Weizenmehl Type 550
10 g Hefe

Hauptteig
750 g Weizenmehl Type 550
20 g Hefe
1 Prise Salz
3 EL Paprikamark
2 EL Tomatenmark
2 TL geräuchertes Paprikapulver

Außerdem
3 Paprika
200 g Käse eurer Wahl (z.B. Gouda)
4–6 eingelegte Pepperoni
etwas grobes Meersalz für
  die Kruste
Sesam

ZUBEREITUNG

❶ Für den Vorteig einfach Mehl, 250 g Wasser (am besten abwiegen) und Hefe vermengen und in eine Schüssel geben.

❷ 12 Stunden im Kühlschrank gehen lassen. Dann den Vorteig am nächsten Tag ca. 1 Stunde bei Zimmertemperatur akklimatisieren lassen. Jetzt mit den Zutaten für den Hauptteig sowie 200 ml Wasser vermengen. Gut durchkneten und nochmals 1 Stunde gehen lassen. Der Teig muss geschmeidig sein, aber nicht zu feucht. Sollte er kleben, fügt noch ein bisschen Mehl hinzu.

❸ Während der Gehzeit könnt ihr die Paprika waschen und entkernen. Schneidet sie längs in 3–5 Stücke und legt diese mit der Haut nach oben auf ein Backblech oder einen Rost. Jetzt ab unter den Grill im Backofen damit – bei mindestens 200 °C und auf der obersten Schiene eures Ofens. Behaltet die Paprika im Blick; die Haut muss schwarz werden und Blasen werfen, dann sind sie fertig. Sobald all eure Paprikahaut schwarz ist, nehmt ihr die Paprika vorsichtig aus dem Ofen und lasst sie ein bisschen abkühlen. Jetzt nur noch häuten und klein schneiden. Danach noch den Käse und die Pepperoni klein schneiden und beides mit dem Teig vermengen.

❹ 3 Baguettes aus dem Teig formen und diese nochmals ½ Stunde gehen lassen. Den Ofen auf 250 °C vorheizen. Dann die Außenseiten der Baguettes leicht anfeuchten. Das Salz etwas zerkleinern, mit dem Sesam vermengen und auf einen großen Teller geben. Die Baguettes darin wälzen und danach in ein Baguetteblech legen. Jetzt mit einem scharfen Messer einritzen. Das Baguetteblech in den heißen Ofen auf ein Backblech stellen und ein bisschen Wasser in das untere Backblech geben – das gibt eine schöne Kruste. Die Baguettes ca. 15–20 Minuten backen.

Frisches
FLADEN-
BROT

FÜR 2 STÜCK

ZUTATEN
1 Würfel Hefe
1 TL Zucker
400 ml lauwarmes Wasser
1 kg Weizenmehl Type 550
2 TL Salz
150 ml Milch
ca. 1 EL geschmolzene Butter
Sesam zum Bestreuen

ZUBEREITUNG

❶ Die Hefe zusammen mit dem Zucker im lauwarmen Wasser auflösen. Danach das Mehl in einer Schüssel mit dem Salz vermengen. Nun das Hefewasser und die Milch in die Schüssel geben und den Teig gut durchkneten, bis ein weicher und geschmeidiger Teig entsteht (etwa 5 Minuten). Den Teig dann 30 Minuten an einem warmen Ort, abgedeckt mit einem leicht feuchten Tuch, gehen lassen. Nach 30 Minuten die Luft aus dem Teig kneten und ihn halbieren.

❷ Zwei runde und flache Teiglinge formen und jeweils auf ein Backblech legen. Mit geschmolzener (aber nicht mehr heißer!) Butter bestreichen und mit einem wirklich scharfen Messer ein etwa 0,5 cm tiefes Gittermuster in den Teig ritzen. Ein bisschen Sesam darüberstreuen und den Teig nochmals abgedeckt ca. 10 Minuten gehen lassen. In der Zwischenzeit den Ofen auf 220 °C vorheizen und die Fladenbrote ca. 10–15 Minuten goldbraun backen.

5 Kräuterbuttervarianten dazu

FURIKAKE 200 g Butter, 20 g Sesam, 1 EL Sesamöl, 10 g klein geschnittene Nori-Alge (Asialaden), Salz
Die weiche Butter mit den Zutaten vermengen und kühl lagern.

PAPRIKA-TOMATEN 200 g Butter, 5–6 getrocknete klein geschnittene Tomaten, 1 EL Ajvar, Salz, Pfeffer, Chili
Die weiche Butter mit den Zutaten vermengen und kühl lagern.

ROTWEIN-PFEFFER 200 g Butter, 1 Schalotte, 100 ml Rotwein, Salz, 1 TL zerstoßene Pfefferkörner
Die Schalotte schälen und klein hacken, mit etwas Butter anbraten, Wein hinzufügen und einreduzieren lassen. Mit den restlichen Zutaten vermengen und abkühlen lassen.

HONIG-WALNUSS 200 g Butter, 3 EL Blütenhonig, 50 g gehackte Walnüsse, Salz
Die weiche Butter mit den restlichen Zutaten vermengen und kühl lagern.

MEERRETTICH 200 g Butter, 1 EL Sahnemeerrettich, 1 TL scharfer Meerrettich, Salz, Pfeffer, 2 EL Schnittlauch
Die weiche Butter mit den restlichen Zutaten vermengen und kühl lagern.

Hausgemachte
PIROGGEN

Meine Großmutter kommt aus der Region des ehemaligen Ostpreußens, und meine Mutter und ich haben deswegen schon mehrere Reisen in dieses Gebiet unternommen und immer hervorragend gegessen. Also ran an die Piroggen!

FÜR 4 PERSONEN

ZUTATEN

Teig
400 g Pasta-Mehl
4 Eier
1 TL Salz

Füllung I: Kartoffel-Sauerkraut
1 Zwiebel
2 EL getrocknete Steinpilze
150 g Sauerkraut
100 g gekochte mehligkochende
  Kartoffeln
Salz und Pfeffer nach Geschmack

Füllung II: Quark-Käse
200 g Käse nach Wahl
3 EL frische Kräuter (Schnittlauch,
  Dill)
150 g Magerquark
Salz und Pfeffer nach Geschmack

Außerdem
ca. 200 g Butter
1 Knoblauchzehe
1 Zwiebel
1 TL Paprikapulver
1 TL frischer Schnittlauch
1 EL Schmand pro Portion

ZUBEREITUNG

❶ Zuerst den Teig zubereiten. Dafür einfach alle Zutaten vermengen und kräftig durchkneten, bis ein geschmeidiger Teig entstanden ist. Gut mit Frischhaltefolie umwickeln und ruhen lassen, während man die Füllungen zubereitet.

❷ Für die Füllung I die Zwiebel schälen und fein hacken. Die Steinpilze ebenfalls fein hacken und beides mit dem Sauerkraut zusammen scharf anbraten. Die gekochten Kartoffeln zerstampfen. Alle Zutaten vermengen und mit Salz und Pfeffer kräftig abschmecken.

❸ Für die Füllung II den Käse reiben, die Kräuter fein hacken und alles mit den anderen Zutaten vermengen und kräftig abschmecken.

❹ Es gibt zwei Möglichkeiten der Zubereitung: Entweder den Teig in 4 Teile schneiden und diese Teile ca. 3 mm dick ausrollen. Ein Viertel des Teigs auf ein Pelmeni- oder Piroggen-Gitter legen, füllen, ein weiteres Viertel darauflegen, andrücken und mit einem Nudelholz kräftig darüberrollen. Die Piroggen auf einem sauberen und leicht bemehlten Handtuch lagern und mit dem Rest des Teigs und der Füllung ebenso verfahren.

❺ Oder aber den Teig ebenso 3–4 mm dick ausrollen, mit einem Glas ca. 5 cm große Kreise ausstechen, in die Mitte eines jeden Kreises einen Klecks (1 TL) Füllung geben und die Seiten zusammendrücken.

❻ In sprudelnd kochendem Wasser so lange kochen, bis sie von allein an der Oberfläche schwimmen. Parallel dazu die Butter schmelzen sowie den Knoblauch und die Zwiebel schälen und klein schneiden. Beides zusammen in der Butter anbraten. Ein wenig mit Paprikapulver würzen. Die Piroggen warm mit den Knoblauchzwiebeln, Schnittlauch und einem Klecks Schmand servieren.

ONIGIRI

Onigiri sind – einfach ausgedrückt – gewürzte und gefüllte Reisbällchen oder -dreiecke. In Japan gibt es sie überall, und ich will euch diese Leckerei natürlich nicht vorenthalten.

FÜR JEWEILS 4 ONIGIRI

ZUTATEN

Reis
150 g ungekochter Sushi-Reis
1 Stück Kombu-Alge (optional)
ca. 1 TL Salz
½ TL Zucker
1 ½ TL Sushi-Essig (Reisessig)
1 EL Mirin (Asialaden)

Füllung I: Eiersalat + Furikake
2 hartgekochte Eier
1 EL (Chili-)Mayonnaise
1 EL frischer Schnittlauch oder Frühlingszwiebel
Salz und Pfeffer
1 Spritzer Tabasco

Furikake
3 EL Sesam
2 EL gehackte Nori-Algen
2 TL Sojasoße

Füllung II: Shiitake
200 g Shiitake-Pilze
Butter zum Braten
1 EL Frischkäse
2 EL Sojasoße
1 TL frischer Koriander oder glatte Petersilie

Außerdem
2 TL dunkle Misopaste
2 EL Butter
Nori-Algen zum Umwickeln

ZUBEREITUNG

❶ Zuerst den Reis waschen, bis das Wasser klar bleibt. Dann mit der 1,5-fachen Menge Wasser und einem Stück Kombu-Alge (optional) aufsetzen und köcheln lassen, bis die Flüssigkeit verdampft ist. Den fertigen Reis auf ein Backblech geben, ausbreiten und mit den restlichen Zutaten wie dem Reisessig etc. vermengen und abschmecken. Komplett auskühlen lassen.

❷ Für die erste Füllung (Eiersalat + Furikake) die hartgekochten Eier fein hacken und mit der Mayonnaise und dem gehackten Schnittlauch bzw. der Frühlingszwiebel vermengen. Mit Salz, Pfeffer und Tabasco vermengen und abschmecken. Für die Furikake-Mischung den Sesam, die Nori-Stücke und die Sojasoße in eine Pfanne geben und so lange rösten, bis die Sojasoße komplett verdampft ist. Abkühlen lassen.

❸ Für die zweite Füllung (Shiitake) die Pilze putzen, klein schneiden und mit ein bisschen Butter in einer Pfanne anbraten. Mit Frischkäse, Sojasoße und gehacktem Koriander bzw. glatter Petersilie vermengen und abkühlen lassen.

❹ Nun den Reis dritteln, einen Teil in die Hand nehmen, eine Kuhle formen und ca. 1 EL Füllung hineingeben. Den restlichen Reis darüberlegen und alles fest in ein Stück Frischhaltefolie wickeln. Daraus nun ein Dreieck formen und in den Kühlschrank legen. Die restlichen Onigiri formen und ebenfalls ca. ½ Stunde kühl stellen. Jetzt die Frischhaltefolie entfernen. Die Onigiri mit Eierfüllung werden nun einfach in der Furikake-Mischung gewälzt. Die Onigiri mit Shiitake-Füllung werden zusammen mit etwas Misopaste (diese vorher in ca. 4 EL Wasser auflösen!) und Butter von beiden Seiten goldbraun angebraten. Vorsichtig wenden, damit sie nicht auseinanderbrechen. Um das Essen zu erleichtern, schlägt man um jedes Onigiri noch ein Stück Nori-Alge drumherum.

Register

Die Autorin

Christina Heß, Jahrgang 1990 aus Kassel, im echten Leben Büro-fee bei der Justiz, ist seit 2012 Foodbloggerin aus Leidenschaft. Neben ihrem Blog liebt sie ihre Familie & Heavy Metal Musik und ist ständig unterwegs (sie stand z.B. bei Williams & Kates Hochzeit in der ersten Reihe vor der Westminster Abbey). Auf ihrem Blog *Christina macht was* schreibt und berichtet sie über all die Dinge, die ihr schmecken, und nimmt auch bei heikleren Themen kein Blatt vor den Mund. Seit ihrer Jugend ernährt sie sich vegetarisch. Bei Thorbecke erschien von ihr bereits „Christina macht was – Veggie. Lecker. Anders.".